COMÉDIES DE MOLIÈRE

ARRANGÉES POUR JEUNES GENS

I

Propriété des libraires-éditeurs

TOUS DROITS RÉSERVÉS

Douai.—L. Dechristé, imprimeur, rue Jean-de-Bologne

COMÉDIES

DE MOLIÈRE

ARRANGÉES

POUR JEUNES GENS

PAR

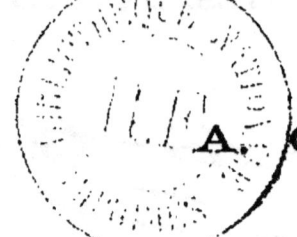

A. CHAILLOT

L'AVARE
LE BOURGEOIS GENTILHOMME
LE MALADE IMAGINAIRE

PARIS
SARLIT & Cie, LIBRAIRES-ÉDITEURS
19, Rue de Tournon, 19
— 1885 —

L'AVARE

COMÉDIE EN CINQ ACTES PAR MOLIÈRE

PERSONNAGES

HARPAGON, riche bourgeois de Paris.
ANSELME, gentilhomme napolitain.
CLÉANTE, fils d'Harpagon.
VALÈRE, fils d'Anselme.
MAITRE SIMON, courtier d'affaires et de mariages.
MAITRE JACQUES, cuisinier et cocher d'Harpagon.
LA FLÈCHE, valet de Cléante.
BRINDAVOINE, }
LA MERLUCHE, } valets d'Harpagon.
UN COMMISSAIRE.

ACTE PREMIER

SCÈNE I.
HARPAGON, LA FLÈCHE.

HARPAGON.

Hors d'ici tout à l'heure, et qu'on ne réplique pas. Allons, que l'on détale de chez moi, maître juré filou, vrai gibier de potence.

LA FLÈCHE, *à part.*

Je n'ai jamais rien vu d'aussi méchant que ce maudit vieillard; et je pense, sauf correction, qu'il a le diable au corps.

HARPAGON.

Tu murmures entre tes dents?

LA FLÈCHE.

Pourquoi me chassez-vous?

HARPAGON.

C'est bien à toi, pendard, à me demander des raisons! Sors vite, que je ne t'assomme.

LA FLÈCHE.

Qu'est-ce que je vous ai fait?

HARPAGON.

Tu m'as fait, que je veux que tu sortes.

LA FLÈCHE.

Mon maître, votre fils, m'a donné ordre de l'attendre.

HARPAGON.

Va-t'en l'attendre dans la rue, et ne sois point dans ma maison planté tout droit comme un piquet, à observer ce qui se passe, et faire ton profit de tout. Je ne veux point voir sans cesse devant moi un espion de mes affaires, un traître dont les yeux maudits assiégent toutes mes actions, dévorent ce que je possède, et furètent de tous côtés pour voir s'il n'y a rien à voler.

LA FLÈCHE.

Comment diantre voulez-vous qu'on fasse pour vous voler? Etes-vous un homme volable, quand vous renfermez toutes choses, et faites sentinelle jour et nuit?

HARPAGON.

Je veux renfermer ce que bon me semble, et faire sentinelle comme il me plaît. Ne voilà pas de mes mouchards qui prennent garde à ce qu'on fait! *(bas, à part.)* Ne serais-tu point homme à faire courir le bruit que j'ai chez moi de l'argent caché?

LA FLÈCHE.

Vous avez de l'argent caché?

HARPAGON.

Non, coquin, je ne dis pas cela. *(bas.)* J'enrage. *(haut.)* Je demande si malicieusement tu n'irais point faire courir le bruit que j'en ai.

LA FLÈCHE.

Hé! que nous importe que vous en ayez ou que vous n'en ayez pas, si c'est pour nous la même chose?

HARPAGON, *levant la main pour donner un soufflet à La Flèche.*

Tu fais le raisonneur! Je te baillerai de ce raisonnement-ci par les oreilles. Sors d'ici, encore une fois.

LA FLÈCHE.

Hé bien! je sors.

HARPAGON.

Attends, ne m'emportes-tu rien ?

LA FLÈCHE.

Que vous emporterais-je ?

HARPAGON.

Viens-çà que je voie. Montre-moi tes mains.

LA FLÈCHE.

Les voilà.

HARPAGON.

Les autres.

LA FLÈCHE.

Les autres ?

HARPAGON.

Oui.

LA FLÈCHE.

Les voilà.

HARPAGON, *montrant le haut-de-chausses de La Flèche.*

N'as-tu rien mis là-dedans ?

LA FLÈCHE.

Voyez vous-même.

HARPAGON, *tâtant le bas des hauts-de-chausses de La Flèche.*

Ces grands hauts-de-chausses sont propres à devenir les recéleurs des choses qu'on dérobe, et je voudrais qu'on en eût fait pendre quelqu'un.

L'AVARE.

LA FLÈCHE, *à part*.

Ah! qu'un homme comme cela mériterait bien ce qu'il craint, et que j'aurais de joie à le voler!

HARPAGON.

Hé?

LA FLÈCHE.

Quoi?

HARPAGON.

Qu'est-ce que tu parles de voler?

LA FLÈCHE.

Je dis que fouilliez bien partout pour voir si je vous ai volé.

HARPAGON.

C'est ce que je veux faire.

(Harpagon fouille dans les poches de La Flèche.)

LA FLÈCHE, *a part*.

La peste soit de l'avarice et des avaricieux!

HARPAGON.

Comment? que dis-tu?

LA FLÈCHE.

Ce que je dis?

HARPAGON.

Oui. Qu'est-ce que tu dis d'avarice et d'avaricieux

LA FLÈCHE.

Je dis que la peste soit de l'avarice et des avaricieux

HARPAGON.

De qui veux-tu parler ?

LA FLÈCHE.

Des avaricieux.

HARPAGON.

Et qui sont-ils, ces avaricieux ?

LA FLÈCHE.

Des vilains et des ladres.

HARPAGON.

Mais qui est-ce que tu entends par là ?

LA FLÈCHE.

De quoi vous mettez-vous en peine ?

HARPAGON.

Je me mets en peine de ce qu'il faut.

LA FLÈCHE.

Est-ce que vous croyez que je veux parler de vous ?

HARPAGON.

Je crois ce que je crois ; mais je veux que tu me dises à qui tu parles quand tu dis cela.

LA FLÈCHE.

Je parle... Je parle à mon bonnet.

HARPAGON.

Et moi je pourrais bien parler à ta barrette.

LA FLÈCHE.

M'empêcherez-vous de maudire les avaricieux.

HARPAGON.

Non, mais je t'empêcherai de jaser et d'être insolent: tais-toi.

LA FLÈCHE.

Je ne nomme personne.

HARPAGON.

Je te rosserai, si tu parles.

LA FLÈCHE.

Qui se sent morveux, qu'il se mouche.

HARPAGON.

Te tairas-tu ?

LA FLÈCHE.

Oui, malgré moi.

HARPAGON.

Ah ! ah !

LA FLÈCHE, *montrant à Harpagon une poche de son justaucorps.*

Tenez, voilà encore une poche. Etes-vous satisfait ?

HARPAGON.

Allons, rends-le moi sans te fouiller.

LA FLÈCHE.

Quoi ?

HARPAGON.

Ce que tu m'as pris.

LA FLÈCHE.

Je ne vous ai rien pris du tout.

HARPAGON.

Assurément ?

LA FLÈCHE.

Assurément.

HARPAGON.

Adieu. Va-t'en à tous les diables.

LA FLÈCHE, *à part.*

Me voilà fort bien congédié !

HARPAGON.

Je te le mets sur la conscience au moins.

SCÈNE II.

HARPAGON (seul).

HARPAGON.

Voilà un pendard de valet qui m'incommode fort, et je ne me plais point à voir ce chien de boiteux-là. Certes, ce n'est pas une petite peine que de garder chez soi une grande somme d'argent ; et bienheureux qui a tout son fait bien placé, et ne conserve seulement que ce qu'il faut pour sa dépense. On n'est pas peu embarrassé à inventer dans toute une maison une cache fidèle ; car, pour moi, les coffres-forts me sont suspects, et je ne veux jamais m'y fier ; je les tiens justement une franche amorce à voleurs ; et c'est toujours la première chose que l'on va attaquer.

SCÈNE III.

HARPAGON, CLÉANTE.

HARPAGON.

Cependant je ne sais si j'aurai bien fait d'avoir enterré dans mon jardin dix mille écus qu'on me rendit hier. Dix mille écus en or, chez soi, est une somme assez... *(A part, apercevant Cléante.)* O ciel, je me serai trahi moi-même ; la chaleur m'aura emporté ; et je crois que j'ai parlé haut en raisonnant tout seul. *(A Cléante.)* Qu'est-ce ?

CLÉANTE.

Rien, mon père.

HARPAGON.

Y a-t-il longtemps que vous êtes là ?

CLÉANTE.

Je ne viens que d'arriver.

HARPAGON.

Vous avez entendu ?

CLÉANTE.

Quoi, mon père ?

HARPAGON.

Là.

CLÉANTE.

Quoi ?

HARPAGON.

Ce que je viens de dire.

CLÉANTE.

Non.

HARPAGON.

Si fait, si fait.

CLÉANTE.

Pardonnez-moi.

HARPAGON.

Je vois bien que vous en avez ouï quelques mots. C'est que je m'entretenais en moi-même de la peine qu'il y a aujourd'hui à trouver de l'argent, et je disais qu'il est bien heureux qui peut avoir dix mille écus chez soi.

CLÉANTE.

Je feignais à vous aborder, de peur de vous interrompre.

HARPAGON.

Je suis bien aise de vous dire cela, afin que vous

n'alliez pas prendre les choses de travers, et vous imaginer que je dise que c'est moi qui ai dix mille écus !

CLÉANTE.

Nous n'entrons point dans vos affaires.

HARPAGON.

Plût à Dieu que je les eusse, les dix mille écus !

CLÉANTE.

Je ne crois pas...

HARPAGON.

Ce serait une bonne affaire pour moi.

CLÉANTE.

Ce sont des choses...

HARPAGON.

J'en aurais bien besoin.

CLÉANTE.

Je pense que...

HARPAGON.

Cela m'accommoderait fort.

CLÉANTE.

Vous êtes...

HARPAGON.

Et je ne me plaindrais pas comme je fais, que le temps est misérable.

CLÉANTE.

Mon dieu! mon père, vous n'avez pas lieu de vous plaindre, et l'on sait que vous avez assez de bien.

HARPAGON.

Comment! j'ai assez de bien! Ceux qui le disent en ont menti. Il n'y a rien de plus faux; et ce sont des coquins qui font courir tous ces bruits-là.

CLÉANTE.

Ne vous mettez point en colère.

HARPAGON.

Cela est étrange, que mes propres enfants me trahissent, et deviennent mes ennemis?

CLÉANTE.

Est-ce être votre ennemi, que de dire que vous avez du bien?

HARPAGON.

Oui. De pareils discours, et les dépenses que vous faites, seront cause qu'un de ces jours on me viendra chez moi couper la gorge, dans la pensée que je suis tout cousu de pistoles.

CLÉANTE.

Quelle grande dépense est-ce que je fais?

HARPAGON.

Quelle? Est-il rien de plus scandaleux que ce somptueux équipage que vous promenez par la ville? Je querellais hier votre sœur ; mais c'est encore pis. Voilà qui crie vengeance au ciel ; et, à vous prendre depuis les pieds jusqu'à la tête, il y aurait là de quoi faire une bonne constitution. Je vous l'ai dit vingt fois, mon fils : toutes vos manières me déplaisent fort, vous donnez furieusement dans le marquis ; et, pour aller ainsi vêtu, il faut bien que vous me dérobiez.

CLÉANTE.

Hé ! comment vous dérober ?

HARPAGON.

Que sais-je moi ? Où pouvez-vous donc prendre de quoi entretenir l'état que vous portez ?

CLÉANTE.

Moi, mon père ? c'est que je joue ; et comme je suis fort heureux, je mets sur moi tout l'argent que je gagne.

HARPAGON.

C'est fort mal fait. Si vous êtes heureux au jeu, vous en devriez profiter, et mettre à honnête intérêt l'argent que vous gagnez, afin de le trouver un jour. Je voudrais bien savoir, sans parler du reste, à quoi servent tous ces rubans dont vous voilà lardé depuis les pieds jusqu'à la tête, et si une demi-douzaine d'aiguillettes ne suffit pas pour attacher un haut-de-chausses. Il est bien nécessaire d'employer de l'argent à des perruques, lorsqu'on peut porter des cheveux de son crû, qui ne coûtent rien ! Je vais gager qu'en perruques et rubans il y a au moins vingt pistoles ; et vingt pistoles rapportent par année dix-huit livres six sous huit deniers, à ne les placer qu'au denier douze.

CLÉANTE.

Vous avez raison.

HARPAGON.

Laissons cela et parlons d'autres affaires... Mais que veut dire ce geste ?

CLÉANTE.

C'est que j'ai quelque chose à vous dire.

HARPAGON.

Et moi, j'ai quelque chose aussi à vous dire.

CLÉANTE.

C'est de mariage, mon père, que je désirerais vous parler.

HARPAGON.

Et c'est de mariage aussi que je veux vous entretenir. Avez-vous vu, dites-moi, une jeune personne appelée Marianne, qui ne loge pas loin d'ici ?

CLÉANTE.

Oui, mon père.

HARPAGON.

Comment, mon fils, trouvez-vous cette fille ?

CLÉANTE.

Une fort charmante personne.

HARPAGON.

Sa physionomie ?

CLÉANTE.

Tout honnête et pleine d'esprit.

HARPAGON.

Son air et sa manière ?

CLÉANTE.

Admirables, sans doute.

HARPAGON.

Ne croyez-vous pas qu'une fille comme cela mériterait assez que l'on songeât à elle ?

CLÉANTE.

Oui, mon père.

HARPAGON.

Que ce serait un parti souhaitable ?

CLÉANTE.

Très souhaitable.

HARPAGON.

Qu'elle a toute la mine de faire bon ménage ?

CLÉANTE.

Sans doute.

HARPAGON.

Et qu'un mari aurait satisfaction avec elle ?

CLÉANTE.

Assurément.

HARPAGON.

Il y a une petite difficulté ; c'est que j'ai peur qu'il n'y ait pas avec elle tout le bien qu'on pourrait prétendre.

CLÉANTE.

Ah ! mon père, le bien n'est pas considérable lorsqu'il est question d'épouser une honnête personne.

HARPAGON.

Pardonnez-moi, pardonnez-moi. Mais ce qu'il y a à dire, c'est que, si l'on n'y trouve pas tout le bien qu'on souhaite, on peut tâcher de regagner cela sur autre chose.

CLÉANTE.

Cela s'entend.

HARPAGON.

Enfin, je suis bien aise de vous voir dans mes sentiments, car son maintien honnête et sa douceur m'ont gagné l'âme ; et je suis résolu de l'épouser, pourvu que j'y trouve quelque bien.

CLÉANTE.

Hé !

HARPAGON.

Comment ?

CLÉANTE.

Vous êtes résolu, dites-vous...

HARPAGON.

D'épouser Marianne.

CLÉANTE.

Qui ? vous ? vous ?

HARPAGON.

Oui, moi, moi, moi. Que veut dire cela ?

CLÉANTE.

Il m'a pris tout à coup un éblouissement, et je me retire d'ici.

HARPAGON.

Cela ne sera rien. Allez vite boire dans la cuisine un grand verre d'eau claire.

SCÈNE IV.

HARPAGON, VALÈRE.

HARPAGON.

Voilà de mes damoiseaux fluets qui n'ont non plus de vigueur que des poules. Voilà donc ce que j'ai résolu pour moi. Quant à mon fils, je lui destine une certaine veuve dont ce matin on m'est venu parler, et je donne ma fille Elise au seigneur Anselme, homme mûr, prudent et sage, qui n'a pas plus de cinquante ans, et dont on vante les grands biens. Elise n'en veut pas. *(Apercevant Valère de loin.)* Ici, Valère, tu vas me dire qui a raison, de moi ou de ma fille.

VALÈRE.

C'est vous, monsieur, sans contredit.

HARPAGON.

Sais-tu bien de quoi nous parlions ?

VALÈRE.

Non ; mais vous ne sauriez avoir tort, et vous êtes toute raison.

HARPAGON.

Je veux ce soir lui donner pour époux un homme aussi riche que sage ; et la coquine me dit au nez qu'elle se moque de le prendre. Que dis-tu de cela ?

VALÈRE.

Ce que j'en dis ?

HARPAGON.

Oui.

VALÈRE.

Hé! hé!

HARPAGON.

Quoi ?

VALÈRE.

Je dis que, dans le fond, je suis de votre sentiment ;

et vous ne doutez pas que vous n'ayez raison : mais aussi n'a-t-elle pas tort tout-à-fait ; et...

HARPAGON.

Comment ! le seigneur Anselme est un parti considérable ; c'est un gentilhomme qui est noble, doux, posé, sage et fort accommodé, et auquel il ne reste aucun enfant de son premier mariage. Saurait-elle mieux rencontrer ?

VALÈRE.

Cela est vrai ; mais elle pourrait vous dire que c'est un peu précipiter les choses, et qu'il faudrait au moins quelque temps pour voir si son inclination pourrait s'accorder avec...

HARPAGON.

C'est une occasion qu'il faut prendre vite aux cheveux. Je trouve ici un avantage qu'ailleurs je ne retrouverais pas, et il s'engage à la prendre sans dot.

VALÈRE.

Sans dot ?

HARPAGON.

Oui.

VALÈRE.

Ah ! je ne dis plus rien. Voyez-vous ? voilà une raison tout-à-fait convaincante ; il se faut rendre à cela.

HARPAGON.

C'est pour moi une épargne considérable.

VALÈRE.

Assurément, cela ne reçoit pas de contradiction. Il est vrai que votre fille vous peut représenter que le mariage est une plus grande affaire qu'on ne peut croire; qu'il y va d'être heureux ou malheureux toute sa vie; et qu'un engagement qui doit durer jusqu'à la mort ne se doit jamais faire qu'avec de grandes précautions.

HARPAGON.

Sans dot!

VALÈRE.

Vous avez raison. Voilà qui décide tout, cela s'entend. Il y a des gens qui pourraient vous dire qu'en de telles occasions l'inclination d'une fille est une chose, sans doute, où l'on doit avoir de l'égard, et que cette grande inégalité d'âge, d'humeur et de sentiments, rend un mariage sujet à des accidents très fâcheux.

HARPAGON.

Sans dot!

VALÈRE.

Ah! il n'y a pas de réplique à cela, on le sait bien. Qui diantre peut aller là contre? Ce n'est pas qu'il n'y ait quantité de pères qui aimeraient mieux ménager la satisfaction de leurs filles que l'argent qu'ils pourraient donner, qui ne les voudraient point sacrifier à l'intérêt, et chercheraient, plus que toute autre chose, à mettre dans un mariage cette douce conformité qui sans cesse y maintient l'honneur, la tranquillité et la joie ; et que...

HARPAGON.

Sans dot !

VALÈRE.

Il est vrai, cela ferme la bouche à tout. Sans dot ? Le moyen de résister à une raison comme celle-là !

HARPAGON, *à part, regardant du côté du jardin.*

Ouais ! il me semble que j'entends un chien qui aboie. N'est-ce point qu'on en voudrait à mon argent ! *(à Valère.)* Ne bougez, je reviens tout à l'heure.

SCÈNE V.

VALÈRE (SEUL).

VALÈRE.

Heurter de front ses sentiments, c'est le moyen de tout gâter ; et il y a de certains esprits qu'il ne faut prendre qu'en biaisant, des tempéraments ennemis de toute résistance, des naturels rétifs que la vérité fait cabrer, qui toujours se raidissent contre le droit chemin de la raison, et qu'on ne mène qu'en tournant où l'on veut les conduire.

SCÈNE VI.

HARPAGON, VALÈRE.

HARPAGON, *à part, dans le fond du théâtre.*
Ce n'est rien, Dieu merci !

VALÈRE, *(haut, en apercevant Harpagon).*
Oui, il faut qu'une fille obéisse à son père. Il ne faut point qu'elle regarde comme un mari est fait ; et lorsque la grande raison de, sans dot, s'y rencontre, elle doit être prête à prendre tout ce qu'on lui donne.

HARPAGON.
Bon ! voilà parler cela !

VALÈRE.
Monsieur, je vous demande pardon si je m'emporte un peu, et si je prends la hardiesse de me disposer à parler ainsi à votre fille.

HARPAGON.
Comment ! j'en suis ravi, et je veux que tu prennes sur elle un pouvoir absolu. J'entends qu'elle fasse tout ce que tu lui diras.

VALÈRE.
Il est bon de lui tenir la bride un peu haute

HARPAGON.
Cela est vrai ; il faut...

VALÈRE.

Ne vous mettez pas en peine. Je crois que j'en viendrai à bout.

HARPAGON.

Fais, fais. Je m'en vais faire un petit tour en ville, et reviens tout à l'heure.

VALÈRE, *comme s'il adressait la parole à Elise.*

Oui, l'argent est plus précieux que toutes les choses du monde, et vous devez rendre grâce au ciel de l'honnête homme de père qu'il vous a donné. Il sait ce que c'est que vivre. Lorsqu'on s'offre de prendre une fille sans dot, on ne doit point regarder plus avant. Tout est renfermé là-dedans ; et, sans dot, tient lieu de beauté, de jeunesse, de naissance, d'honneur, de sagesse et de probité.

HARPAGON, *seul.*

Ah ! le brave garçon ! voilà parler comme un oracle ! Heureux qui peut avoir un domestique de la sorte !

FIN DU PREMIER ACTE.

ACTE SECOND.

SCÈNE I.

CLÉANTE, LA FLÈCHE.

CLÉANTE.

Ah ! traître que tu es, où t'es-tu donc allé fourrer ? Ne t'avais-je pas donné ordre...?

LA FLÈCHE.

Oui, monsieur, je m'étais rendu ici pour vous attendre de pied ferme ; mais monsieur votre père, le plus malgracieux des hommes, m'a chassé dehors malgré moi, et j'ai couru risque d'être battu.

CLÉANTE.

Comment va notre affaire ? Les choses pressent plus que jamais. Depuis que je t'ai vu, j'ai découvert que mon père est mon rival.

LA FLÈCHE.

Votre père ?

CLÉANTE.

Oui ; et j'ai eu toutes les peines du monde à lui cacher le trouble où cette nouvelle m'a mis.

LA FLÈCHE.

Lui ? de quoi diable s'avise-t-il ? Se moque-t-il du monde ?

CLÉANTE.

Quelle réponse t'a-t-on faite ?

LA FLÈCHE.

Ma foi, monsieur, ceux qui empruntent sont bien malheureux ; et il faut essuyer d'étranges choses lorsqu'on est réduit à passer, comme vous, par les mains des fesse-Mathieu.

CLÉANTE.

L'affaire ne se fera point ?

LA FLÈCHE.

Pardonnez-moi. Notre maître Simon, le courtier qu'on nous a donné, homme agissant et plein de zèle, dit qu'il a fait rage pour vous, et il assure que votre seule physionomie lui a gagné le cœur.

CLÉANTE.

J'aurai les quinze mille francs que je demande ?

LA FLÈCHE.

Oui, mais à quelques petites conditions qu'il faudra que vous acceptiez, si vous avez dessein que les choses se fassent.

CLÉANTE.

T'a-t-il fait parler à celui qui doit prêter l'argent ?

LA FLÈCHE.

Ah ! vraiment cela ne va pas de la sorte. Il apporte encore plus de soin à se cacher que vous ; et ce sont des mystères bien plus grands que vous ne pensez. On ne veut point du tout dire son nom, et l'on doit aujourd'hui l'aboucher avec vous dans une maison empruntée, pour être instruit par votre bouche de votre bien et de votre famille ; et je ne doute point que le seul nom de votre père ne rende les choses faciles.

CLÉANTE.

Et principalement ma mère étant morte, dont on ne peut m'ôter le bien.

LA FLÈCHE.

Voici quelques articles qu'il a dictés lui-même à notre entremetteur, pour vous être montrés avant que de rien faire :

« Supposé que le prêteur voie toutes ses sûretés, et
» que l'emprunteur soit majeur, et d'une famille où le
» bien soit ample, solide, assuré, clair et net de tout
» embarras, on fera une bonne et exacte obligation par
» devant un notaire, le plus honnête homme qu'il se
» pourra, et qui, pour cet effet, sera choisi par le prê-
» teur, auquel il importe le plus que l'acte soit dûment
» dressé. »

CLÉANTE.

Il n'y a rien à dire à cela.

LA FLÈCHE.

» Le prêteur, pour ne charger sa conscience d'aucun
» scrupule, prétend ne donner son argent qu'au denier
» dix-huit. »

CLÉANTE.

Au denier dix-huit? Parbleu! voilà qui est honnête.
Il n'y a pas lieu de se plaindre.

LA FLÈCHE.

Cela est vrai.

« Mais comme le dit prêteur n'a pas chez lui la
» somme dont il est question, et que, pour faire plai-
» sir à l'emprunteur, il est contraint lui-même de l'em-
» prunter d'un autre sur le pied du denier cinq, il
» conviendra que ledit premier emprunteur paie cet
» intérêt, sans préjudice du reste, attendu que ce n'est
» que pour l'obliger que ledit prêteur s'engage à cet
» emprunt. »

CLÉANTE.

Comment diable! quel juif! quel arabe est-ce là!
C'est plus qu'au denier quatre.

LA FLÈCHE.

Il est vrai, c'est ce que j'ai dit. Vous avez à voir
là-dessus.

CLÉANTE.

Que veux-tu que je voie? j'ai besoin d'argent, et il faut bien que je consente à tout.

LA FLÈCHE.

C'est la réponse que j'ai faite.

CLÉANTE.

Il y a encore quelque chose?

LA FLÈCHE.

Ce n'est plus qu'un petit article.

» Des quinze mille francs qu'on demande, le prêteur
» ne pourra compter en argent que douze mille livres;
» et, pour les mille écus restants, il faudra que l'em-
» prunteur prenne les hardes, nippes et bijoux dont
» s'ensuit le mémoire, et que le dit prêteur a mis de
» bonne foi au plus modique prix qu'il lui a été pos-
» sible. »

CLÉANTE.

Que veut dire cela?

LA FLÈCHE.

Ecoutez le mémoire.

» Premièrement, un lit de quatre pieds, à bandes
» de point de Hongrie, appliquées fort proprement sur
» un drap de couleur d'olive, avec six chaises et la
» courte-pointe de même ; le tout bien conditionné, et
» doublé d'un petit taffetas changeant, rouge et bleu. »

» Plus, un petit pavillon à queue, d'une bonne serge
» d'Aumale rose sèche, avec le mollet et les franges
» de soie. »

CLÉANTE.

Que veut-il que je fasse de cela ?

LA FLÈCHE.

Attendez.

» Plus, une tenture de tapisserie des amours de
» Gombaud et de Macé.

» Plus, une grande table de bois de noyer à douze
» colonnes ou piliers tournés, qui se tire par les deux
» bouts, et garnie par le dessous de ses six escabelles. »

CLÉANTE.

Qu'ai-je à faire, morbleu !...

LA FLÈCHE.

Donnez-vous patience.

» Plus, trois gros mousquets tout garnis de nacre
» de perle, avec les trois fourchettes assortissantes.

» Plus, un fourneau de brique avec deux cornues et
» trois récipients fort utiles à ceux qui sont curieux de
» distiller. »

CLÉANTE.

J'enrage.

LA FLÈCHE.

Doucement.

» Plus, un luth de Bologne, garni de toutes ses
» cordes, ou peu s'en faut.

» Plus, un trou-madame, et un damier, avec un jeu
» de l'oie renouvelé des Grecs, fort propre à passer le
» temps lorsque l'on n'a que faire.

» Plus, une peau de lézard de trois pieds et demi,
» remplie de foin, curiosité agréable pour pendre au
» plancher d'une chambre.

» Le tout ci-dessus mentionné valant loyalement plus
» de quatre mille cinq cents livres, et rabaissé à
» la valeur de mille écus, par la discrétion du prê-
» teur »

CLÉANTE.

Que la peste l'étouffe avec sa discrétion, le traître, le bourreau qu'il est! A-t-on jamais parlé d'une usure semblable? et n'est-il pas content du furieux intérêt qu'il exige, sans vouloir encore m'obliger à prendre pour trois mille livres les vieux rogatons qu'il ramasse? Je n'aurai pas deux cents écus de tout cela. Et cependant il faut bien me résoudre à consentir à ce qu'il veut; car il est en état de me faire accepter, et il me tient, le scélérat, le poignard sur la gorge.

LA FLÈCHE.

Je vous vois, monsieur, ne vous en déplaise, dans le grand chemin justement que tenait Panurge pour se ruiner, prenant argent d'avance, achetant cher, vendant à bon marché et mangeant son blé en herbe.

CLÉANTE.

Que veux-tu que j'y fasse? voilà où les jeunes gens sont réduits par la maudite avarice des pères : et on s'étonne après cela que les fils souhaitent qu'ils meurent !

LA FLÈCHE.

Il faut avouer que le vôtre animerait contre sa vilenie le plus posé homme du monde. Je n'ai pas, dieu merci, les inclinations fort patibulaires; et, parmi mes confrères que je vois se mêler de beaucoup de petits commerces, je sais tirer adroitement mon épingle du jeu, et me démêler prudemment de toutes les galanteries qui sentent tant soit peu l'échelle ; mais, à vous dire vrai, il me donnerait, par ses procédés, des tentations de le voler ; et je croirais, en le volant, faire une action méritoire.

CLÉANTE.

Donne-moi un peu ce mémoire que je le voie encore.

SCÈNE II.

HARPAGON, Maitre SIMON ; CLÉANTE et LA FLÈCHE, *dans le fond du théâtre.*

MAITRE SIMON.

Oui, monsieur, c'est un jeune homme qui a besoin d'argent : ses affaires le pressent d'en trouver, et il en passera par tout ce que vous prescrirez.

HARPAGON.

Mais, croyez-vous, maître Simon, qu'il n'y ait rien à péricliter? et savez-vous le nom, les biens et la famille de celui pour qui vous parlez?

MAITRE SIMON.

Non. Je ne puis pas bien vous en instruire à fond; et ce n'est que par aventure que l'on m'a adressé à lui; mais vous serez de toutes choses éclairci par lui-même, et son homme m'a assuré que vous serez content quand vous le connaîtrez. Tout ce que je saurais vous dire, c'est que sa famille est fort riche, qu'il n'a plus de mère déjà, et qu'il s'obligera, si vous voulez, que son père mourra, avant qu'il soit huit mois.

HARPAGON.

C'est quelque chose que cela. La charité, maître Simon, nous oblige à faire plaisir aux personnes lorsque nous le pouvons.

MAITRE SIMON.

Cela s'entend.

LA FLÈCHE, *bas à Cléante, reconnaissant maître Simon.*

Que veut dire ceci? Notre maître Simon qui parle à votre père?

CLÉANTE, *bas, à La Flèche.*

Lui aurait-on appris qui je suis? et serais-tu pour me trahir?

MAITRE SIMON, *à Cléante et à La Flèche.*

Ah! ah! vous êtes bien pressés! Qui vous a dit que

c'était céans? *(à Harpagon.)* Ce n'est pas moi, monsieur, au moins, qui leur ai découvert votre nom et votre logis. Mais, à mon avis, il n'y a pas grand mal à cela ; ce sont des personnes discrètes, et vous pouvez ici vous expliquer ensemble.

HARPAGON.

Comment !

MAITRE SIMON, *montrant Cléante.*

Monsieur est la personne qui veut vous emprunter les quinze mille livres dont je vous ai parlé.

HARPAGON.

Comment, pendard ! c'est toi qui t'abandonnes à ces coupables extrémités !

CLÉANTE.

Comment, mon père ! c'est vous qui vous portez à ces honteuses actions ?

(Maître Simon s'enfuit, et La Flèche va se cacher.)

SCÈNE III.

HARPAGON, CLÉANTE.

HARPAGON.

C'est toi qui te veux ruiner par des emprunts si condamnables !

CLÉANTE.

C'est vous qui cherchez à vous enrichir par des usures si criminelles !

HARPAGON.

Oses-tu bien, après cela, paraître devant moi ?

CLÉANTE.

Osez-vous bien, après cela, vous présenter aux yeux du monde ?

HARPAGON.

N'as-tu point de honte, dis-moi, d'en venir à ces débauches-là, de te précipiter dans des dépenses effroyables, et de faire une honteuse dissipation du bien que tes parents t'ont amassé avec tant de sueurs ?

CLÉANTE.

Ne rougissez-vous point de déshonorer votre condition par les commerces que vous faites, de sacrifier gloire et réputation au désir insatiable d'entasser écu sur écu, et de renchérir, en fait d'intérêt, sur les plus infâmes subtilités qu'aient jamais inventées les plus célèbres usuriers ?

HARPAGON.

Ote-toi de mes yeux, coquin, ôte-toi de mes yeux.

CLÉANTE.

Qui est plus criminel, à votre avis, ou celui qui achète un argent dont il a besoin, ou bien celui qui vole un argent dont il n'a que faire ?

HARPAGON.

Retire-toi, te dis-je, et ne m'échauffe pas les oreilles. (*seul.*) Je ne suis pas fâché de cette aventure ; et ce m'est un avis de tenir l'œil plus que jamais sur toutes ses actions.

SCÈNE IV.
Maître SIMON, HARPAGON.

MAITRE SIMON.

Monsieur.

HARPAGON.

Attendez un moment, je vais revenir vous parler. (*à part.*) Il est à propos que je fasse un petit tour à mon argent.

SCÈNE V.
LA FLÈCHE, Maître SIMON.

LA FLÈCHE, *sans voir Maître Simon.*

L'aventure est tout-à-fait drôle. Il faut bien qu'il ait quelque part un ample magasin de hardes : car nous n'avons rien reconnu au mémoire que nous en avons. Ah ! c'est toi, maître Simon ! que viens-tu faire encore ici ?

MAITRE SIMON.

Ce que je fais partout ailleurs ; m'entremettre d'affaires ; me rendre serviable aux gens, et profiter, du mieux qu'il m'est possible, des petits talents que je puis avoir. Tu sais que, dans ce monde, il faut vivre d'adresse, et qu'aux personnes comme moi, le ciel n'a donné d'autres rentes que l'intrigue et l'industrie.

LA FLÈCHE.

As-tu quelque négoce avec le patron du logis?

MAITRE SIMON.

Oui, je traite pour lui quelque petite affaire dont j'espère une récompense.

LA FLÈCHE.

De lui? Ah! ma foi, tu seras bien fin si tu en tires quelque chose; et je te donne avis que l'argent céans est fort cher.

MAITRE SIMON.

Il y a de certains services qui touchent merveilleusement.

LA FLÈCHE.

Je suis votre valet, et tu ne connais pas encore le seigneur Harpagon. Le seigneur Harpagon est de tous les humains l'humain le moins humain, le mortel de tous les mortels le plus dur et le plus serré. Il n'est point de service qui pousse sa reconnaissance jusqu'à lui faire ouvrir les mains. De la louange, de l'estime, de la bienveillance en paroles, et de l'amitié, tant qu'il vous plaira; mais de l'argent, point d'affaires. Il n'est rien de plus sec et de plus aride que ses bonnes grâces et ses caresses; et *donner* est un mot pour qui il a tant d'aversion, qu'il ne dit jamais, *Je vous donne*, mais, *Je vous prête le bonjour*.

MAITRE SIMON.

Mon dieu! je sais l'art de traire les hommes; j'ai le

secret de m'ouvrir leur tendresse, de chatouiller leurs cœurs, de trouver les endroits par où ils sont sensibles.

LA FLÈCHE.

Bagatelles ici. Je te défie d'attendrir, du côté de l'argent, l'homme dont il est question. Il est turc là-dessus, mais d'une turquerie à désespérer tout le monde ; et l'on pourrait crever qu'il n'en branlerait pas. En un mot, il aime l'argent plus que réputation, qu'honneur et que vertu ; et la vue d'un demandeur lui donne des convulsions : c'est le frapper par son endroit mortel, c'est lui percer le cœur, c'est lui arracher les entrailles ; et si... Mais il vient, je me retire.

SCÈNE VI.

HARPAGON, Maitre SIMON.

HARPAGON, *bas.*

Tout va comme il faut. *(haut)* Hé bien ? qu'est-ce, maître Simon ?

MAITRE SIMON.

Ah ! mon dieu ! que vous avez là un vrai visage de santé !

HARPAGON.

Qui ? moi ?

MAITRE SIMON.

Jamais je ne vous vis un teint si frais et si gaillard.

HARPAGON.

Tout de bon !

MAITRE SIMON.

Comment! Vous n'avez de votre vie été si jeune que vous êtes, et je vois des gens de vingt-cinq ans qui sont plus vieux que vous.

HARPAGON.

Cependant j'en ai soixante bien comptés.

MAITRE SIMON.

Hé bien! qu'est cela? soixante ans! voilà bien de quoi! C'est la fleur de l'âge, cela ; et vous entrez maintenant dans la belle saison de l'homme.

HARPAGON.

Il est vrai ; mais vingt années de moins pourtant ne me feraient point de mal, que je crois.

MAITRE SIMON.

Vous moquez-vous? Vous n'avez pas besoin de cela, et vous êtes d'une pâte à vivre jusqu'à cent ans.

HARPAGON.

Tu le crois?

MAITRE SIMON.

Assurément; vous en avez toutes les marques Tenez-vous un peu. Oh! que voilà bien entre vos deux yeux un signe de longue vie!

HARPAGON.

Tu te connais à cela?

MAITRE SIMON.

Sans doute. Montrez-moi votre main. Ah! mon dieu! quelle ligne de vie!

HARPAGON.

Comment?

MAITRE SIMON.

Ne voyez-vous pas jusqu'où va cette ligne-là?

HARPAGON.

Hé bien? qu'est-ce que cela veut dire?

MAITRE SIMON.

Par ma foi, je disais cent ans; mais vous passerez les six vingt.

HARPAGON.

Est-il possible?

MAITRE SIMON.

Il faudra vous assommer, vous dis-je; et vous mettrez en terre vos enfants et les enfants de vos enfants.

HARPAGON.

Tant mieux. Comment va notre affaire?

MAITRE SIMON.

Faut-il le demander? et me voit-on mêler de rien dont je ne vienne à bout? J'ai, surtout pour les mariages, un talent merveilleux. Il n'est point de partis au monde que je ne trouve en peu de temps le moyen d'accoupler; et je crois, si je me l'étais mis en tête, que je marierais le Grand Turc avec la république de Venise. Il n'y avait pas, sans doute, de si grandes difficultés à cette affaire-ci. Comme j'ai commerce chez elles, je les ai à fond l'une et l'autre entretenues de vous; et j'ai dit à la mère le dessein que vous aviez conçu pour Marianne, à la voir passer dans la rue ou prendre l'air à sa fenêtre.

HARPAGON.

Qui a fait réponse...?

MAITRE SIMON.

Elle a reçu la proposition avec joie; et quand je lui ai témoigné que vous souhaitiez fort que sa fille assistât ce soir au contrat de mariage qui doit se faire de la vôtre, elle y a consenti sans peine, et me l'a confiée pour cela.

HARPAGON.

C'est que je suis obligé, maître Simon, de donner à souper au seigneur Anselme; et je serai bien aise qu'elle soit du régal.

MAITRE SIMON.

Vous avez raison. Elle doit après dîner rendre visite à votre fille, d'où elle fait son compte d'aller faire un tour à la foire, pour venir ensuite au souper.

HARPAGON.

Hé bien! elles iront ensemble dans mon carrosse, que je leur prêterai.

MAITRE SIMON.

Voilà justement son affaire.

HARPAGON.

Mais, maître Simon, as-tu entretenu la mère touchant le bien qu'elle peut donner à sa fille. Lui as-tu dit qu'il fallait qu'elle s'aidât un peu, qu'elle fît quelque effort, qu'elle se saignât pour une occasion comme celle-ci? car encore n'épouse-t-on point une fille sans qu'elle vous apporte quelque chose.

MAITRE SIMON.

Comment! c'est une fille qui vous apportera douze mille livres de rente.

HARPAGON.

Douze mille livres de rente?

MAITRE SIMON.

Oui. Premièrement, elle est nourrie et élevée dans une grande épargne de bouche : c'est une fille accoutumée à vivre de salade, de lait, de fromage et de pommes, et à laquelle, par conséquent, il ne faudra ni table bien servie, ni consommés exquis, ni orges mondés perpétuels, ni les autres délicatesses qu'il faudrait pour une autre femme; et cela ne va pas à si peu de chose, qu'il ne monte bien tous les ans à trois mille francs pour le moins. Outre cela, elle n'est curieuse que d'une propreté fort simple, et n'aime point les superbes habits, ni les riches bijoux, ni les meubles somptueux, où donnent ses pareilles avec tant de chaleur; et cet article-là vaut plus de quatre mille livres par an. De plus, elle a une aversion horrible pour le jeu : ce qui n'est pas commun aux femmes d'aujourd'hui; et j'en sais une de nos quartiers qui a perdu à trente et quarante, vingt mille francs cette année. Mais n'en prenons rien que le quart. Cinq mille francs au jeu par an, quatre mille francs en habits et bijoux, cela fait neuf mille livres; et mille écus que nous mettons pour la nourriture : ne voilà-t-il pas par année vos douze mille francs bien comptés ?

HARPAGON.

Oui, cela n'est pas mal; mais ce compte-là n'est rien de réel.

MAITRE SIMON.

Pardonnez-moi. N'est-ce pas quelque chose de réel que de vous apporter en mariage une grande sobriété, l'héritage d'un grand amour de simplicité de parure, et l'acquisition d'un grand fonds de haine pour le jeu ?

HARPAGON.

C'est une raillerie que de me vouloir constituer sa dot de toutes les dépenses qu'elle ne fera point. Je n'irai point donner quittance de ce que je ne reçois pas; et il faut bien que je touche quelque chose.

MAITRE SIMON.

Mon dieu ! vous toucherez assez; et elles m'ont parlé d'un certain pays où elles ont du bien dont vous serez le maître.

HARPAGON.

Dis-moi un peu : Marianne ne m'a-t-elle point encore vu ? N'a-t-elle point pris garde à moi en passant ?

MAITRE SIMON.

Non ; mais nous nous sommes fort entretenus de vous : je lui ai fait un portrait de votre personne ; et je n'ai pas manqué de lui vanter votre mérite, et l'avantage que ce lui serait d'avoir un mari comme vous.

HARPAGON.

Tu as bien fait, et je t'en remercie.

MAITRE SIMON.

J'aurais, monsieur, une petite prière à vous faire. J'ai un procès que je suis sur le point de perdre, faute d'un peu d'argent ; (*Harpagon prend un air sérieux.*) et vous pourriez facilement me procurer le gain de ce procès, si vous aviez quelques bontés pour moi... Vous ne sauriez croire le plaisir qu'elle aura de vous voir. (*Harpagon reprend son air gai.*) Ah ! que vous lui plairez ! et que votre fraise à l'antique fera sur son esprit un effet admirable ! Mais surtout elle sera charmée de votre haut-de-chausses attaché au pourpoint avec des aiguillettes.

HARPAGON.

Certes, tu me ravis de me dire cela.

MAITRE SIMON.

En vérité, monsieur, ce procès m'est d'une conséquence tout à fait grande. (*Harpagon reprend son air sérieux.*) Je suis ruiné, si je le perds ; et quelque petite assistance me rétablirait mes affaires... Je voudrais que vous eussiez vu le ravissement où elle était à m'entendre parler de vous. (*Harpagon reprend un air gai.*) La joie éclatait dans ses yeux au récit de vos qualités ; et je l'ai mise enfin dans une impatience extrême de voir ce mariage entièrement conclu.

HARPAGON.

Tu m'as fait grand plaisir, maître Simon, et je t'en ai, je te l'avoue, toutes les obligations du monde.

MAITRE SIMON.

Je vous prie, monsieur, de me donner le petit secours que je vous demande. (*Harpagon reprend encore son air sérieux.*) Cela me remettra sur pied, et je vous en serai éternellement obligé.

HARPAGON.

Adieu. Je vais achever mes dépêches.

MAITRE SIMON.

Je vous assure, monsieur, que vous ne sauriez jamais me soulager dans plus grand besoin.

HARPAGON.

Je mettrai ordre que mon carrosse soit tout prêt pour vous mener à la foire.

MAITRE SIMON.

Je ne vous importunerais pas si je ne m'y voyais forcé par la nécessité.

HARPAGON.

Et j'aurai soin qu'on soupe de bonne heure pour ne vous point faire malades.

MAITRE SIMON.

Ne me refusez pas la grâce dont je vous sollicite. Vous ne sauriez croire, monsieur, le plaisir que...

HARPAGON.

Je m'en vais. Voilà qu'on m'appelle. Jusqu'à tantôt.

MAITRE SIMON, *seul*.

Que la fièvre te serre, chien de vilain, à tous les diables ! Le ladre a été ferme à toutes mes attaques, mais il ne me faut pas pourtant quitter la négociation ; et j'ai l'autre côté, en tout cas, d'où je suis assuré de tirer bonne récompense.

FIN DU SECOND ACTE.

ACTE TROISIÈME.

SCÈNE I.

HARPAGON, CLÉANTE, VALÈRE, Maitre JACQUES, LA MERLUCHE, BRINDAVOINE.

HARPAGON.

Allons, venez çà tous, que je vous distribue mes ordres pour tantôt, et règle à chacun son emploi. Approchez, Brindavoine; commençons par vous. Je vous commets au soin de nettoyer partout; et surtout, prenez garde de frotter les meubles trop fort, de peur de les user. Outre cela, je vous constitue pendant le souper au gouvernement des bouteilles; et s'il s'en écarte quelqu'une, et qu'il se casse quelque chose, je m'en prendrai à vous, et le rabattrai sur vos gages.

MAITRE JACQUES, *à part*.

Châtiment politique!

HARPAGON.

De plus, Brindavoine, et vous, La Merluche, je vous établis dans la charge de rincer les verres, et de donner à boire, mais seulement lorsque l'on aura soif, et non pas, selon la coutume de certains impertinents de laquais qui viennent provoquer les gens, et les faire aviser lorsqu'on n'y songe pas. Attendez qu'on vous en demande plus d'une fois, et vous ressouvenez de porter toujours beaucoup d'eau.

MAITRE JACQUES, *à part*.

Oui, le vin pur monte à la tête.

LA MERLUCHE.

Quitterons-nous nos souquenilles, monsieur?

HARPAGON.

Oui, quand vous verrez venir les personnes; et gardez bien de gâter vos habits.

BRINDAVOINE.

Vous savez bien, monsieur, qu'un des devants de mon pourpoint est couvert d'une grande tache de l'huile de lampe.

LA MERLUCHE.

Et moi, monsieur, que j'ai mon haut-de-chausses tout troué par derrière, et qu'on me voit, révérence parler...

HARPAGON, à *La Merluche*.

Paix ; rangez cela adroitement du côté de la muraille, et présentez toujours le devant au monde.

(A Brindavoine, en lui montrant comme il doit mettre son chapeau au-devant de son pourpoint pour cacher la tache d'huile.)

Et vous, tenez toujours votre chapeau ainsi, lorsque vous servirez.

SCÈNE II.

HARPAGON, CLÉANTE, VALÈRE, Maitre JACQUES.

HARPAGON.

Et vous, mon fils le damoiseau, à qui j'ai la bonté de pardonner l'histoire de tantôt, ne vous allez pas aviser non plus de lui faire mauvais visage.

CLÉANTE.

Moi, mon père? mauvais visage? et par quelle raison?

HARPAGON.

Mon dieu! nous savons le train des enfants dont les pères se remarient, et de quel œil ils ont coutume de regarder ce qu'on appelle belle-mère. Mais si vous souhaitez que je perde le souvenir de votre fredaine, je vous recommande surtout de régaler d'un bon visage cette personne-là, et de lui faire enfin le meilleur accueil qu'il vous sera possible.

CLÉANTE.

A vous dire le vrai, mon père, je ne puis pas vous promettre d'être bien aise qu'elle devienne ma belle-mère ; je mentirais si je vous le disais ; mais pour ce qui est de la bien recevoir, et de lui faire bon visage, je vous promets de vous obéir ponctuellement sur ce chapitre.

HARPAGON.

Prenez-y garde, au moins.

CLÉANTE.

Vous verrez que vous n'aurez pas sujet de vous en plaindre.

HARPAGON.

Vous ferez sagement.

SCÈNE III.

HARPAGON, VALÈRE, Maitre JACQUES.

HARPAGON.

Valère, aide-moi à ceci. Oh çà ! maître Jacques, approchez-vous ; je vous ai gardé le dernier.

MAITRE JACQUES.

Est-ce à votre cocher, monsieur, ou à votre cuisinier que vous voulez parler ? car je suis l'un et l'autre.

HARPAGON.

C'est à tous les deux.

MAITRE JACQUES.

Mais à qui des deux le premier ?

HARPAGON.

Au cuisinier.

MAITRE JACQUES.

Attendez donc, s'il vous plaît.

(Maître Jacques ôte sa casaque de cocher, et paraît vêtu en cuisinier.)

HARPAGON.

Quelle diantre de cérémonie est-ce là ?

MAITRE JACQUES.

Vous n'avez qu'à parler.

HARPAGON.

Je me suis engagé, maître Jacques, à donner ce soir à souper.

MAITRE JACQUES, *à part*.

Grande merveille !

HARPAGON.

Dis-moi un peu, nous feras-tu bonne chère ?

MAITRE JACQUES.

Oui, si vous me donnez bien de l'argent.

HARPAGON.

Ah ! diable ! toujours de l'argent ! Il semble qu'ils n'aient rien autre chose à dire : de l'argent ! de l'argent ! de l'argent ! Ah ! ils n'ont que ce mot à la bouche, de l'argent ! Toujours parler d'argent ! Voilà leur épée de chevet, de l'argent !

VALÈRE.

Je n'ai jamais vu de réponse plus impertinente que celle-là. Voilà une belle merveille que de faire bonne chère avec bien de l'argent ! c'est une chose la plus aisée du monde, et il n'y a si pauvre esprit qui n'en fît bien autant. Mais pour agir en habile homme, il faut parler de faire bonne chère avec peu d'argent.

MAITRE JACQUES.

Bonne chère avec peu d'argent !

VALÈRE.

Oui.

MAITRE JACQUES, *à Valère*.

Par ma foi, monsieur l'intendant, vous nous obligerez de nous faire voir ce secret, et de prendre mon office de cuisinier : aussi bien vous mêlez-vous céans d'être le factotum.

HARPAGON.

Taisez-vous. Qu'est-ce qu'il nous faudra ?

MAITRE JACQUES.

Voilà monsieur votre intendant qui vous fera bonne chère pour peu d'argent.

HARPAGON.

Ah ! je veux que tu me répondes.

MAITRE JACQUES.

Combien serez-vous de gens à table ?

HARPAGON.

Nous serons huit ou dix ; mais il ne faut prendre que huit. Quand il y a à manger pour huit, il y en a bien pour dix.

VALÈRE.

Cela s'entend.

MAITRE JACQUES.

Hé bien ! il faudra quatre grands potages et cinq assiettes... Potages... Entrées...

HARPAGON.

Que diable ! voilà pour traiter une ville tout entière.

MAITRE JACQUES.

Rôt...

HARPAGON, *mettant la main sur la bouche de maître Jacques.*

Ah ! traître, tu manges tout mon bien.

MAITRE JACQUES.

Entremets...

HARPAGON, *mettant encore la main sur la bouche de maître Jacques.*

Encore !

VALÈRE, *à maître Jacques.*

Est-ce que vous avez envie de faire crever tout le monde ? et monsieur a-t-il invité des gens pour les assassiner à force de mangeaille ? Allez-vous-en lire un peu les préceptes de la santé, et demander aux médecins s'il y a rien de plus préjudiciable à l'homme que de manger avec excès.

HARPAGON.

Il a raison.

VALÈRE.

Apprenez, maître Jacques, vous et vos pareils, que c'est un coupe-gorge qu'une table remplie de trop de viandes ; que, pour se bien montrer ami de ceux que l'on invite, il faut que la frugalité règne dans les repas qu'on donne, et que, suivant le dire d'un ancien, *il faut manger pour vivre, et non pas vivre pour manger.*

HARPAGON.

Ah ! que cela est bien dit ! approche, que je t'embrasse pour ce mot. Voilà la plus belle sentence que j'aie entendue de ma vie : *Il faut vivre pour manger, et non pas manger pour vi...* Non, ce n'est pas cela. Comment est-ce que tu dis ?

L'AVARE.

VALÈRE.

Qu'*il faut manger pour vivre, et non pas vivre pour manger.*

HARPAGON.

(*A maître Jacques.*) Oui. Entends-tu ? (*A Valère.*) Qui est le grand homme qui a dit cela?

VALÈRE.

Je ne me souviens pas maintenant de son nom.

HARPAGON.

Souviens-toi de m'écrire ces mots : je les veux faire graver en lettres d'or sur la cheminée de ma salle.

VALÈRE.

Je n'y manquerai pas : et pour votre souper, vous n'avez qu'à me laisser faire, je règlerai tout cela comme il faut.

HARPAGON.

Fais donc.

MAITRE JACQUES.

Tant mieux, j'en aurai moins de peine.

HARPAGON, *à Valère.*

Il faudra de ces choses dont on ne mange guère, et qui rassasient d'abord ; quelque bon haricot bien gras, avec quelque pâté en pot bien garni de marrons.

VALÈRE.

Reposez-vous sur moi.

HARPAGON.

Maintenant, maître Jacques, il faut nettoyer mon carrosse.

MAITRE JACQUES.

Attendez. Ceci s'adresse au cocher.

(*Maître Jacques remet sa casaque.*)
Vous dites ?

HARPAGON.

Qu'il faut nettoyer mon carrosse, et tenir mes chevaux tout prêts pour conduire à la foire...

MAITRE JACQUES.

Vos chevaux, monsieur ! Ma foi, ils ne sont point du tout en état de marcher. Je ne vous dirai point qu'ils sont sur la litière, les pauvres bêtes n'en ont point ; et ce serait mal parler : mais vous leur faites observer des jeûnes si austères, que ce ne sont plus rien que des idées ou des fantômes, des façons de chevaux.

HARPAGON.

Les voilà bien malades ! ils ne font rien.

MAITRE JACQUES.

Et pour ne rien faire, monsieur, est-ce qu'il ne faut rien manger ? Il leur vaudrait bien mieux, les pauvres animaux, de travailler beaucoup, de manger de même. Cela me fend le cœur, de les voir ainsi exténués ; car enfin j'ai une tendresse pour mes chevaux, qu'il me semble que c'est moi-même, quand je les vois pâtir ; je m'ôte tous les jours pour eux les choses de la bouche ; et c'est être, monsieur, d'un naturel trop dur, que de n'avoir nulle pitié de son prochain.

HARPAGON.

Le travail ne sera pas grand d'aller jusqu'à la foire.

MAITRE JACQUES.

Non, monsieur, je n'ai point le courage de les mener et je ferais conscience de leur donner des coups de fouet en l'état où ils sont. Comment voudriez-vous qu'ils traînassent un carrosse? ils ne peuvent pas se traîner eux-mêmes.

VALÈRE.

Monsieur, j'obligerai le voisin le Picard à se charger de les conduire ; aussi bien nous fera-t-il besoin pour apprêter le souper.

MAITRE JACQUES.

Soit. J'aime mieux encore qu'ils meurent sous la main d'un autre que sous la mienne.

VALÈRE.

Maître Jacques fait bien le raisonnable.

MAITRE JACQUES.

Monsieur l'intendant fait bien le nécessaire.

HARPAGON.

Paix.

MAITRE JACQUES.

Monsieur, je ne saurais souffrir les flatteurs ; et je vois que ce qu'il en fait, que ses contrôles perpétuels sur le pain et le vin, le bois, le sel et la chandelle, ne sont rien que pour vous gratter et vous faire sa cour. J'enrage de cela, et je suis fâché tous les jours d'entendre ce qu'on dit de vous : car enfin je me sens pour vous de la tendresse, en dépit que j'en aie ; et après mes chevaux, vous êtes la personne que j'aime le plus.

HARPAGON.

Pourrais-je savoir de vous, maître Jacques, ce que l'on dit de moi ?

MAITRE JACQUES.

Oui, monsieur, si j'étais assuré que cela ne vous fâchât point.

HARPAGON.

Non, en aucune façon.

MAITRE JACQUES.

Pardonnez-moi ; je sais fort bien que je vous mettrais en colère.

HARPAGON.

Point du tout ; au contraire c'est me faire plaisir, et je suis bien aise d'apprendre comme on parle de moi.

MAITRE JACQUES.

Monsieur, puisque vous le voulez, je vous dirai franchement qu'on se moque partout de vous, qu'on nous jette de tous côtés cent brocards à votre sujet, et que l'on n'est point plus ravi que de faire sans cesse des contes de votre lésine. L'un dit que vous faites imprimer des almanachs particuliers, où vous faites doubler les quatre-temps et les vigiles, afin de profiter des jeûnes où vous obligez votre monde ; l'autre, que vous avez toujours une querelle toute prête à faire à vos valets dans le temps des étrennes, ou à leur sortie d'avec vous, pour vous trouver une raison de ne leur donner rien : celui-là conte qu'une fois vous fîtes assigner le chat d'un de vos voisins, pour vous avoir mangé un reste de gigot de mouton ; celui-ci, que l'on vous surprit une nuit en venant dérober vous même l'avoine de vos chevaux, et que votre cocher, qui était celui d'avant moi, vous donna dans l'obscurité je ne sais combien de coups de bâton dont vous ne voulûtes rien dire. Enfin, voulez-vous que je vous dise ? on ne saurait aller nulle part où l'on ne vous entende accommoder de toutes pièces : vous êtes la fable et la risée de tout le monde ; et jamais on ne parle de vous que sous les noms d'avare, de ladre de vilain et de fesse-Mathieu.

HARPAGON, *en battant maître Jacques.*

Vous êtes un sot, un maraud, un coquin et un impudent.

MAITRE JACQUES.

Hé bien ! ne l'avais-je pas deviné ? Vous ne m'avez pas voulu croire. Je vous avais bien dit que je vous fâcherais de vous dire la vérité.

HARPAGON.

Apprenez à parler.

SCÈNE IV.

VALÈRE, Maitre JACQUES.

VALÈRE, *riant*.

A ce que je puis voir, maître Jacques, on paie mal votre franchise.

MAITRE JACQUES.

Morbleu ! monsieur le nouveau venu qui faites l'homme d'importance, ce n'est pas votre affaire. Riez de vos coups de bâton quand on vous en donnera, et ne venez point rire des miens.

VALÈRE.

Ah ! monsieur maître Jacques, ne vous fâchez pas, je vous prie.

MAITRE JACQUES, *à part*.

Il file doux. Je veux faire le brave, et s'il est assez sot pour me craindre, le frotter quelque peu. *(haut)* Savez-vous bien, monsieur le rieur, que je ne ris pas, moi, et que si vous m'échauffez la tête, je vous ferai rire d'une autre sorte ?

(Maître Jacques pousse Valère jusqu'au bout du théâtre, en le menaçant.

VALÈRE.

Hé ! doucement.

MAITRE JACQUES.

Comment, doucement ! Il ne me plaît pas, moi.

VALÈRE.
De grâce.
MAITRE JACQUES.
Vous êtes un impertinent.
VALÈRE.
Monsieur maître Jacques.
MAITRE JACQUES.
Il n'y a point de monsieur maître Jacques pour un double. Si je prends un bâton, je vous rosserai d'importance.
VALÈRE.
Comment! un bâton!
(*Valère fait reculer maître Jacques à son tour.*)
MAITRE JACQUES.
Hé! je ne parle pas de cela.
VALÈRE.
Savez-vous bien, monsieur le fat, que je suis homme à vous rosser vous-même?
MAITRE JACQUES.
Je n'en doute pas.
VALÈRE.
Que vous n'êtes, pour tout potage, qu'un faquin de cuisinier?
MAITRE JACQUES.
Je le sais bien.
VALÈRE.
Et que vous ne me connaissez pas encore?
MAITRE JACQUES.
Pardonnez-moi.

VALÈRE.

Vous me rosserez, dites-vous ?

MAITRE JACQUES.

Je le disais en raillant.

VALÈRE.

Et moi je ne prends point de goût à votre raillerie. *(Donnant des coups de bâton à maître Jacques.)* Apprenez que vous êtes un mauvais railleur.

MAITRE JACQUES, *seul*.

Peste soit de la sincérité ! c'est un mauvais métier : désormais j'y renonce, et je ne veux plus dire vrai. Passe encore pour mon maître, il a quelque droit de me battre ; mais pour ce monsieur l'intendant, je m'en vengerai si je puis.

SCÈNE V.
HARPAGON, CLÉANTE, VALÈRE, BRINDAVOINE.

BRINDAVOINE.

Monsieur, il y a là un homme qui veut vous parler.

HARPAGON.

Dis-lui que je suis empêché, et qu'il revienne une autre fois.

BRINDAVOINE.

Il dit qu'il vous apporte de l'argent.

HARPAGON.

Je reviens tout à l'heure.

SCÈNE VI.

HARPAGON, CLÉANTE, VALÈRE, LA MERLUCHE.

LA MERLUCHE, *courant et faisant tomber Harpagon.*
Monsieur...

HARPAGON.
Ah ! je suis mort.

CLÉANTE.
Qu'est-ce, mon père ? Vous êtes-vous fait mal ?

HARPAGON.
Le traître assurément a reçu de l'argent de mes débiteurs pour me faire rompre le cou.

VALÈRE, *à Harpagon.*
Ce ne sera rien.

LA MERLUCHE, *à Harpagon.*
Monsieur, je vous demande pardon : je croyais bien faire d'accourir vite.

HARPAGON.
Que viens-tu faire ici, bourreau ?

LA MERLUCHE.
Vous dire que vos deux chevaux sont déferrés.

HARPAGON.
Qu'on les mène promptement chez le maréchal.

CLÉANTE.
En attendant qu'ils soient ferrés, je vais faire pour vous, mon père, les honneurs de votre logis, et conduire madame dans le jardin, où je ferai porter la collation.

SCÈNE VII.
HARPAGON, VALÈRE.

HARPAGON.

Valère, aie un peu l'œil à tout cela ; et prends soin je te prie, de m'en sauver le plus que tu pourras pour le renvoyer au marchand.

VALÈRE.

C'est assez.

HARPAGON, *seul*.

O fils impertinent, as-tu envie de me ruiner ?

FIN DU TROISIÈME ACTE.

ACTE QUATRIÈME.

SCÈNE I.
HARPAGON, CLÉANTE.

HARPAGON.

Le carrosse est prêt, ces dames pourront partir quand il leur plaira.

CLÉANTE.

Puisque vous n'y allez pas, mon père, je m'en vais les conduire.

HARPAGON.

Non, demeurez ; elles iront bien toutes seules, et j'ai besoin de vous. Attendez-moi un instant. (*bas.*) Je vais faire un tour à mon argent.

SCÈNE II.

CLÉANTE, LA FLÈCHE.

LA FLÈCHE, *entrant du côté opposé à celui par où Harpagon est sorti, et portant une cassette.*

Ah ! monsieur, que je vous trouve à propos ! suivez-moi vite.

CLÉANTE.

Qu'y a-t-il ?

LA FLÈCHE.

Suivez-moi, vous dis-je ; nous sommes bien.

CLÉANTE.

Comment ?

LA FLÈCHE.

Voici votre affaire.

CLÉANTE.

Quoi ?

LA FLÈCHE.

J'ai guigné ceci tout le jour.

CLÉANTE.

Qu'est-ce que c'est ?

LA FLÈCHE.

Le trésor de votre père que j'ai attrapé.

CLÉANTE.

Comment as-tu fait ?

LA FLÈCHE.

Vous saurez tout. Sauvons-nous. Je l'entends crier.

SCÈNE III.

HARPAGON (SEUL).

HARPAGON, *criant au voleur dès le jardin.*

Au voleur! au voleur! à l'assassin! au meurtrier! Justice, juste ciel! je suis perdu, je suis assassiné ; on m'a dérobé mon argent. Qui peut-ce être? Qu'est-il devenu? Où est-il? Où se cache-t-il? Que ferai-je pour le trouver? Où courir? Où ne pas courir? N'est-il point-là? N'est-il point ici? Qui est-ce? Arrête. (*A lui-même se prenant par le bras.*) Rends-moi mon argent, coquin... Ah! c'est moi... Mon esprit est troublé, et j'ignore où je suis, qui je suis, et ce que je fais. Hélas! mon pauvre argent, mon pauvre argent, mon cher ami, on m'a privé de toi! et puisque tu m'es enlevé, j'ai perdu mon support, ma consolation, ma joie; tout est fini pour moi, et je n'ai plus que faire au monde! Sans toi il m'est impossible de vivre. C'en est fait ; je n'en puis plus, je me meurs, je suis mort, je suis enterré. N'y a-t-il personne qui veuille me ressusciter en me rendant mon cher argent; ou en m'apprenant qui l'a pris? Hé! que dites-vous? Ce n'est personne.

Il faut, qui que ce soit qui ait fait le coup, qu'avec beaucoup de soin on ait épié l'heure ; et l'on a choisi justement le temps que je parlais à mon traître de fils. Sortons. Je veux aller quérir la justice, et faire donner la question à toute ma maison, à servantes, à valets, à fils, à fille, et à moi aussi. Que de gens assemblés ! Je ne jette mes regards sur personne qui ne me donne des soupçons, et tout me semble mon voleur. Hé ! de quoi est-ce qu'on parle là ? de celui qui m'a dérobé ? Quel bruit fait-on là-haut ? est-ce mon voleur qui y est ? De grâce, si l'on sait des nouvelles de mon voleur, je supplie que l'on m'en dise. N'est-il point caché là parmi vous ? Ils me regardent tous, et se mettent à rire. Vous verrez qu'ils ont part, sans doute, au vol que l'on m'a fait. Allons vite, des commissaires, des archers, des prévôts, des juges, des gênes, des potences et des bourreaux. Je veux faire pendre tout le monde ; et si je ne retrouve mon argent, je me pendrai moi-même après.

FIN DU QUATRIÈME ACTE.

ACTE CINQUIÈME.

SCÈNE I.

HARPAGON, UN COMMISSAIRE.

LE COMMISSAIRE.

Laissez-moi faire, je sais mon métier, dieu merci. Ce n'est pas d'aujourd'hui que je me mêle de découvrir des vols ; et je voudrais avoir autant de sacs de mille francs que j'ai fait pendre de personnes.

HARPAGON.

Tous les magistrats sont intéressés à prendre cette affaire en main ; et si l'on ne me fait retrouver mon argent, je demanderai justice de la justice.

LE COMMISSAIRE.

Il faut faire toutes les poursuites requises. Vous dites qu'il y avait dans cette cassette...

HARPAGON.

Dix mille écus bien comptés.

LE COMMISSAIRE.

Dix mille écus !

HARPAGON.

Dix mille écus.

LE COMMISSAIRE.

Le vol est considérable.

L'AVARE. 71

HARPAGON.

Il n'y a point de supplice assez grand pour l'énormité de ce crime; et, s'il demeure impuni, les choses les plus sacrées ne sont plus en sûreté.

LE COMMISSAIRE.

En quelles espèces était cette somme?

HARPAGON.

En bons louis d'or et pistoles bien trébuchantes.

LE COMMISSAIRE.

Qui soupçonnez-vous de ce vol?

HARPAGON.

Tout le monde; et je veux que vous arrêtiez prisonniers la ville et les faubourgs.

LE COMMISSAIRE.

Il faut, si vous m'en croyez, n'effaroucher personne, et tâcher doucement d'attraper quelques preuves, afin de procéder après, par la rigueur, au recouvrement des deniers qui vous ont été pris.

SCÈNE II.

HARPAGON, LE COMMISSAIRE, Maitre JACQUES.

MAITRE JACQUES, *dans le fond du théâtre, en se retournant du côté par lequel il est entré.*

Je m'en vais revenir: qu'on me l'égorge tout à l'heure;

qu'on me lui fasse griller les pieds ; qu'on me le mette dans l'eau bouillante ; et qu'on me le pende au plancher.

HARPAGON, *à maître Jacques*.

Qui ? celui qui m'a dérobé ?

MAITRE JACQUES.

Je parle d'un cochon de lait que votre intendant me vient d'envoyer, et je veux vous l'accommoder à ma fantaisie.

HARPAGON.

Il n'est pas question de cela, et voilà monsieur à qui il faut parler de l'autre chose.

LE COMMISSAIRE, *à maître Jacques*.

Ne vous épouvantez point : je suis homme à ne vous point scandaliser, et les choses iront dans la douceur.

MAITRE JACQUES.

Monsieur est de votre souper ?

LE COMMISSAIRE.

Il faut ici, mon cher ami, ne rien cacher à votre maître.

MAITRE JACQUES.

Ma foi, monsieur, je montrerai tout ce que je sais faire, et je vous traiterai du mieux qu'il me sera possible.

HARPAGON.

Ce n'est pas là l'affaire.

MAITRE JACQUES.

Si je ne vous fais aussi bonne chère que je voudrais,

c'est la faute de monsieur votre intendant, qui m'a rogné les ailes avec les ciseaux de son économie.

HARPAGON.

Traître ! il s'agit d'autre chose que de souper ; et je veux que tu me dises des nouvelles de l'argent qu'on m'a pris.

MAITRE JACQUES.

On vous a pris de l'argent ?

HARPAGON.

Oui, coquin ; et je m'en vais te faire pendre si tu ne me le rends.

LE COMMISSAIRE, *à Harpagon*.

Mon dieu ! ne le maltraitez point. Je vois à sa mine qu'il est honnête homme, et que, sans se faire mettre en prison, il vous découvrira ce que vous voulez savoir. Oui, mon ami, si vous nous confessez la chose, il ne vous sera fait aucun mal, et vous serez récompensé comme il faut par votre maître. On lui a pris aujourd'hui son argent, et il n'est pas que vous ne sachiez quelque nouvelle de cette affaire.

MAITRE JACQUES, *bas, à part*.

Voici justement ce qu'il me faut pour me venger de notre intendant. Depuis qu'il est entré céans, il est le favori ; on n'écoute que ses conseils, et j'ai aussi sur le cœur les coups de bâton.

HARPAGON.

Qu'as-tu à ruminer ?

LE COMMISSAIRE, *à Harpagon.*

Laissez-le faire, il se prépare à vous contenter, et je vous ai bien dit qu'il était honnête homme.

MAITRE JACQUES.

Monsieur, si vous voulez que je vous dise les choses, je crois que c'est monsieur votre cher intendant qui a fait le coup.

HARPAGON.

Valère ?

MAITRE JACQUES.

Oui.

HARPAGON.

Lui, qui me paraît si fidèle ?

MAITRE JACQUES.

Lui-même. Je crois que c'est lui qui vous a dérobé.

HARPAGON.

Et sur quoi le crois-tu ?

MAITRE JACQUES.

Sur quoi ?

HARPAGON.

Oui.

MAITRE JACQUES.

Je le crois... sur ce que je le crois.

LE COMMISSAIRE.

Mais il est nécessaire de dire les indices que vous avez.

HARPAGON.

L'as-tu vu roder autour du lieu où j'avais mis mon argent ?

MAITRE JACQUES.

Oui, vraiment. Où était-il, votre argent?

HARPAGON.

Dans le jardin.

MAITRE JACQUES.

Justement. Je l'ai vu roder dans le jardin. Et dans quoi est-ce que cet argent était?

HARPAGON.

Dans une cassette.

MAITRE JACQUES.

Voilà l'affaire. Je lui ai vu une cassette.

HARPAGON.

Et cette cassette, comment est-elle faite? Je verrai bien si c'est la mienne.

MAITRE JACQUES.

Comment elle est faite?

HARPAGON.

Oui.

MAITRE JACQUES.

Elle est faite... Elle est faite comme une cassette.

LE COMMISSAIRE.

Cela s'entend. Mais dépeignez-la un peu pour voir.

MAITRE JACQUES.

C'est une grande cassette...

HARPAGON.

Celle qu'on m'a volée est petite.

MAITRE JACQUES

Hé oui, elle est petite, si on le veut prendre par là ; mais je l'appelle grande pour ce qu'elle contient.

LE COMMISSAIRE.

Et de quelle couleur est-elle ?

MAITRE JACQUES.

De quelle couleur ?

LE COMMISSAIRE.

Oui.

MAITRE JACQUES

Elle est de couleur... là, d'une certaine couleur... Ne sauriez-vous m'aider à dire ?

HARPAGON.

Hé ?

MAITRE JACQUES.

N'est-elle pas rouge ?

HARPAGON.

Non, grise.

MAITRE JACQUES.

Hé, oui, gris-rouge, c'est ce que je voulais dire.

HARPAGON.

Il n'y a pas de doute, c'est elle assurément. Ecrivez, monsieur, écrivez sa déposition. Ciel ! à qui désormais se fier ? il ne faut plus jurer de rien ; et, je crois après cela, que je suis homme à me voler moi-même.

MAITRE JACQUES, *à Harpagon*.

Monsieur, le voici qui revient. Ne lui allez pas dire au moins que c'est moi qui vous ai découvert cela.

SCÈNE III.

**HARPAGON, LE COMMISSAIRE, VALÈRE,
Maitre JACQUES.**

HARPAGON.

Approche, viens confesser l'action la plus noire, l'attentat le plus horrible qui jamais ait été commis.

VALÈRE.

Que voulez-vous, monsieur?

HARPAGON.

Comment, traître! tu ne rougis pas de ton crime!

VALÈRE.

De quel crime voulez-vous donc parler?

HARPAGON.

De quel crime je veux parler, infâme! comme si tu ne savais pas ce que je veux dire! C'est en vain que tu prétendrais de le déguiser. L'affaire est découverte, et l'on vient de m'apprendre tout. Comment! abuser ainsi de ma bonté, et s'introduire exprès chez moi pour me trahir, pour me jouer un tour de cette nature!

VALÈRE.

Monsieur, puisqu'on vous a découvert tout, je ne veux point chercher de détours, et vous nier la chose.

MAITRE JACQUES, *à part*.

Oh, oh! aurais-je deviné sans y penser!

VALÈRE.

C'était mon dessein de vous en parler, et je voulais attendre pour cela des conjonctures favorables ; mais puisqu'il en est ainsi, je vous conjure de ne pas vous fâcher, et de vouloir entendre mes raisons.

HARPAGON.

Et quelles belles raisons peux-tu me donner, voleur, infâme ?

VALÈRE.

Ah ! monsieur, je n'ai pas mérité ces noms. Il est vrai que j'ai commis une offense envers vous ; mais, après tout, ma faute est pardonnable.

HARPAGON.

Comment, pardonnable ! un guet-apens, un assassinat de la sorte !

VALÈRE.

De grâce, ne vous mettez point en colère. Quand vous m'aurez ouï, vous verrez que le mal n'est pas si grand que vous le faites.

HARPAGON.

Le mal n'est pas si grand que je le fais ! Quoi ! mon sang, mes entrailles, pendard !

VALÈRE.

Votre sang, monsieur, n'est pas tombé dans de mauvaises mains. Je suis d'une condition à ne lui point faire de tort ; et il n'y a rien en tout ceci que je ne puisse bien réparer.

HARPAGON.

C'est bien mon intention, et que tu me restitues ce que tu m'as ravi.

VALÈRE.

Votre honneur, monsieur, sera pleinement satisfait.

HARPAGON.

Il n'est pas question d'honneur là-dedans. Mais dis-moi, qui t'a porté à cette action ?

VALÈRE.

Hélas ! me le demandez-vous ?

HARPAGON.

Oui, vraiment, je te le demande.

VALÈRE.

L'amour.

HARPAGON.

L'amour ! bel amour, ma foi ! l'amour de mes louis d'or !

VALÈRE.

Non, monsieur, ce ne sont pas vos richesses qui m'ont tenté, ce n'est point cela qui m'a ébloui ; et je proteste de ne prétendre rien à tous vos biens, pourvu que vous me laissiez celui que j'ai.

HARPAGON.

Non ferai, de par tous les diables ; je ne te le laisserai pas. Mais voyez quelle insolence, de vouloir retenir le vol qu'il m'a fait !

VALÈRE.

Appelez-vous cela un vol ?

HARPAGON.

Si je l'appelle un vol ! un trésor comme celui-là !

VALÈRE.

C'est un trésor, il est vrai, et le plus précieux que vous ayez sans doute ; mais ce ne sera pas le perdre que de me le laisser. Je vous le demande à genoux, ce trésor plein de charmes ; et pour bien faire il faut que vous me l'accordiez.

HARPAGON.

Je n'en ferai rien. Qu'est-ce à dire, cela ?

VALÈRE.

Nous nous sommes promis une foi mutuelle, et avons fait serment de ne nous point abandonner.

HARPAGON.

Le serment est admirable et la promesse plaisante !

VALÈRE.

Oui, nous nous sommes engagés d'être l'un à l'autre à jamais.

HARPAGON.

Je vous en empêcherai bien, je vous assure.

VALÈRE.

Rien que la mort ne nous peut séparer.

HARPAGON.

C'est être bien endiablé après mon argent !

VALÈRE.

Je vous ai déjà dit, monsieur, que ce n'était point l'intérêt qui m'avait poussé à faire ce que j'ai fait. Mon cœur n'a point agi par les ressorts que vous pensez, et un motif plus noble m'a inspiré ma résolution.

HARPAGON.

Vous verrez que c'est par charité chrétienne qu'il veut avoir mon bien. Mais j'y donnerai bon ordre ; et la justice, pendard effronté, me va faire raison de tout.

VALÈRE.

Vous en userez comme vous voudrez et me voilà prêt à souffrir toutes les violences qu'il vous plaira : mais je vous prie de croire au moins que, s'il y a du mal, ce n'est que moi qu'il en faut accuser, et que votre fille, en tout ceci, n'est aucunement coupable.

HARPAGON.

Je le crois bien, vraiment : il serait fort étrange que ma fille eût trempé dans ce crime. Mais je veux ravoir mon affaire, et que tu me confesses en quel endroit tu me l'as enlevée.

VALÈRE.

Moi ? je ne l'ai point enlevée ; et elle est encore chez vous.

HARPAGON.

O ma chère cassette ! *(haut.)* Elle n'est point sortie de ma maison ?

VALÈRE.

Non, monsieur.

HARPAGON.

Hé ! dis-moi un peu ; tu n'y as point touché ?

VALÈRE.

Moi, y toucher ! Ah ! vous lui faites tort, aussi bien qu'à moi ; et c'est d'une ardeur toute pure et respectueuse que j'ai brûlé pour elle.

HARPAGON.

Brûlé pour ma cassette !

VALÈRE.

J'aimerais mieux mourir que de lui avoir fait paraître aucune pensée offensante ; elle est trop sage et trop honnête pour cela.

HARPAGON.

Ma cassette trop honnête !

VALÈRE.

Rien de criminel n'a profané la passion que ses beaux yeux m'ont inspirée.

HARPAGON, *à part*.

Les beaux yeux de ma cassette !

VALÈRE.

Dame Claude, monsieur, sait la vérité de cette aventure : et elle vous peut rendre témoignage...

HARPAGON.

Quoi ! ma servante est complice de l'affaire ?

VALÈRE.

Oui, monsieur, elle a été témoin de notre engagement. Votre fille...

HARPAGON.

Hé! *(à part.)* Est-ce que la peur de la justice le fait extravaguer? *(à Valère.)* Que nous brouilles-tu ici de ma fille?

VALÈRE.

Je dis, monsieur, que j'ai eu toutes les peines du monde à la faire consentir à nous signer mutuellement une promesse de mariage.

HARPAGON.

Ma fille t'a signé une promesse de mariage?

VALÈRE.

Oui, monsieur, comme de ma part je lui en ai signé une.

HARPAGON.

O ciel! autre disgrâce!

MAITRE JACQUES, *au commissaire.*

Ecrivez, monsieur, écrivez.

HARPAGON.

Rengrègement de mal! surcroît de désespoir! *(au commissaire.)* Allons, monsieur, faites le dû de votre charge, et dressez-lui son procès comme larron et comme suborneur.

MAITRE JACQUES.

Comme larron et comme suborneur.

VALÈRE.

Ce sont des noms qui ne me sont point dus ; et quand on saura qui je suis...

SCÈNE IV.
ANSELME, HARPAGON, VALÈRE, LE COMMISSAIRE, Maitre JACQUES.

ANSELME.

Qu'est-ce, seigneur Harpagon ? je vous vois tout ému.

HARPAGON.

Ah ! seigneur Anselme, vous me voyez le plus infortuné de tous les hommes, et voici bien du trouble et du désordre au contrat que vous venez faire. On m'assassine dans le bien, on m'assassine dans l'honneur, et voilà un traître, un scélérat qui a violé tous les droits les plus saints, qui s'est coulé chez moi, sous le titre de domestique, pour me dérober mon argent, et me suborner ma fille.

VALÈRE.

Qui songe à votre argent dont vous me faites un galimatias ?

HARPAGON.

Oui, ils se sont donné l'un à l'autre une promesse de mariage. Cet affront vous regarde, seigneur Anselme ; et c'est vous qui devez vous rendre partie contre lui, et faire à vos dépens toutes les poursuites de la justice, pour vous venger de son insolence.

L'AVARE.

ANSELME.

Ce n'est pas mon dessein de me faire épouser par force, mais pour vos intérêts, je suis prêt à les embrasser ainsi que les miens propres.

HARPAGON.

Voilà monsieur, qui est un honnête commissaire, qui n'oubliera rien, à ce qu'il m'a dit, de la fonction de son office. *(au commissaire, montrant Valère.)* Chargez-le comme il faut, monsieur, et rendez les choses bien criminelles.

VALÈRE.

Je ne vois pas quel crime on me peut faire de la passion que j'ai pour votre fille, et le supplice où vous croyez que je puisse être condamné pour notre engagement, lorsqu'on saura ce que je suis.

HARPAGON.

Je me moque de tous ces contes ; et le monde aujourd'hui n'est plein que de ces larrons de noblesse, que de ces imposteurs qui tirent avantage de leur obscurité, et s'habillent insolemment du premier nom illustre qu'ils s'avisent de prendre.

VALÈRE.

Sachez que j'ai le cœur trop bon pour me parer de quelque chose qui ne soit point à moi, et que tout Naples peut rendre témoignage de ma naissance.

ANSELME.

Tout beau ! prenez garde à ce que vous allez dire.

Vous risquez ici plus que vous ne pensez ; et vous parlez devant un homme à qui tout Naples est connu, et qui peut aisément voir clair dans l'histoire que vous ferez.

VALÈRE.

Je ne suis point homme à rien craindre ; et si Naples vous est connu, vous savez qui était don Thomas d'Alburci.

ANSELME.

Sans doute, je le sais ; et peu de gens l'ont connu mieux que moi.

HARPAGON.

Je ne me soucie ni de don Thomas ni de don Martin. *(Harpagon, voyant deux chandelles allumées, en souffle une.)*

ANSELME.

De grâce, laissez-le parler ; nous verrons ce qu'il en veut dire.

VALÈRE.

Je veux dire que c'est lui qui m'a donné le jour.

ANSELME.

Lui ?

VALÈRE.

Oui.

ANSELME.

Allez, vous vous moquez. Cherchez quelque autre histoire qui vous puisse mieux réussir ; et ne prétendez pas vous sauver par cette imposture.

VALÈRE.

Songez à mieux parler. Ce n'est point une imposture, et je n'avance rien qu'il ne me soit aisé de justifier.

ANSELME.

Quoi, vous osez vous dire fils de don Thomas d'Alburci ?

VALÈRE.

Oui, je l'ose, et je suis prêt de soutenir cette vérité contre qui que ce soit.

ANSELME.

L'audace est merveilleuse ! Apprenez pour vous confondre, qu'il y a seize ans pour le moins que l'homme dont vous nous parlez périt sur mer avec ses enfants et sa femme, en voulant dérober leur vie aux cruelles persécutions qui ont accompagné les désordres de Naples, et qui en firent exiler plusieurs nobles familles.

VALÈRE.

Oui. Mais apprenez, pour vous confondre, vous, que son fils, âgé de sept ans, avec un domestique, fut sauvé de ce naufrage par un vaisseau espagnol, et que ce fils sauvé est celui qui vous parle. Apprenez que le capitaine de ce vaisseau, touché de mon infortune, prit amitié pour moi : qu'il me fit élever comme son propre fils ; et que les armes furent mon emploi dès que je m'en trouvai capable ; que j'ai su depuis peu que mon père n'était point mort, comme je l'avais toujours cru : que, passant ici pour l'aller chercher, une aventure par le ciel concertée me fit voir la charmante Elise ; que cette vue et les sévérités de son père me firent prendre la résolution de m'introduire dans son logis, et d'envoyer un autre à la quête de mes parents.

ANSELME.

Mais quels témoignages encore, outre vos paroles, nous peuvent assurer que ce ne soit point une fable que vous avez bâtie sur une vérité ?

VALÈRE.

Le capitaine espagnol, un cachet de rubis qui était à mon père, un bracelet d'agate que ma mère m'avait mis au bras, le vieux Pedro, ce domestique qui se sauva avec moi du naufrage.

ANSELME.

O ciel ! quels sont les traits de ta puissance ! et que tu fais bien voir qu'il n'appartient qu'à toi de faire des miracles ! Embrasse-moi, mon fils.

VALÈRE.

Vous êtes mon père ?

ANSELME.

Oui, mon fils, je suis don Thomas d'Alburci, que le ciel garantit des ondes avec tout l'argent qu'il portait, et qui, vous ayant tous cru morts durant plus de seize ans, se préparait, après de longs voyages, à chercher dans l'hymen d'une douce et sage personne la consolation de quelque nouvelle famille. Le peu de sûreté que j'ai vu pour ma vie à retourner à Naples m'a fait y renoncer pour toujours ; et ayant su trouver moyen d'y faire vendre ce que j'avais, je me suis habitué ici, où, sous le nom d'Anselme, j'ai voulu m'éloigner les chagrins de cet autre nom qui m'a causé tant de traverses.

HARPAGON, *à Anselme.*

C'est là votre fils ?

ANSELME.

Oui.

HARPAGON.

Je vous prends à partie pour me payer dix mille écus qu'il m'a volés.

ANSELME.

Lui, vous avoir volé !

HARPAGON.

Lui-même.

VALÈRE.

Qui vous a dit cela ?

HARPAGON.

Maître Jacques.

VALÈRE, *à maître Jacques.*

C'est toi qui le dis ?

MAITRE JACQUES.

Vous voyez que je ne dis rien.

HARPAGON.

Oui, voilà monsieur le commissaire qui a reçu sa déposition.

VALÈRE.

Pouvez-vous me croire capable d'une action si lâche ?

HARPAGON.

Capable ou non capable, je veux ravoir mon argent.

SCÈNE V.

HARPAGON, ANSELME, CLÉANTE, VALÈRE, LE COMMISSAIRE, Maitre JACQUES.

CLÉANTE.

Ne vous tourmentez point, mon père, et n'accusez personne. J'ai découvert des nouvelles de votre affaire ; et je viens ici pour vous dire que, si vous voulez vous résoudre à me laisser épouser Marianne, votre argent vous sera rendu.

HARPAGON.

Où est-il ?

CLÉANTE.

Ne vous mettez point en peine, il est en lieu dont je réponds, et tout ne dépend que de moi : c'est à vous de me dire à quoi vous vous déterminez ; et vous pouvez choisir, ou de me donner Marianne, ou de perdre votre cassette.

HARPAGON.

N'en a-t-on rien ôté ?

CLÉANTE.

Rien du tout. Voyez si c'est votre dessein de souscrire à ce mariage, et de joindre votre consentement à celui de sa mère, qui lui laisse la liberté de faire un choix entre nous deux.

ANSELME.

Vous aurez le mien ; le ciel ne me redonne pas à mes enfants pour être contraire à leurs vœux. Seigneur

Harpagon, vous jugez bien que le choix d'une jeune personne tombera sur le fils plutôt que sur le père. Allons, ne vous faites point dire ce qu'il n'est pas nécessaire d'entendre ; et consentez, ainsi que moi, à ce double hyménée.

HARPAGON.

Il faut pour me donner conseil que je voie ma cassette.

CLÉANTE.

Vous la verrez saine et entière.

HARPAGON.

Je n'ai point d'argent à donner en mariage à mes enfants.

ANSELME.

Hé bien, j'en ai pour eux ; que cela ne vous inquiète point.

HARPAGON.

Vous obligerez-vous à faire tous les frais de ces deux mariages ?

ANSELME.

Oui, je m'y oblige. Etes-vous satisfait ?

HARPAGON.

Oui, pourvu que pour les noces vous me fassiez faire un habit.

ANSELME.

D'accord. Allons jouir de l'allégresse que cet heureux jour nous présente.

LE COMMISSAIRE.

Holà, messieurs, holà. Tout doucement, s'il vous plaît. Qui me paiera mes écritures.

HARPAGON.

Nous n'avons que faire de vos écritures.

LE COMMISSAIRE.

Oui ; mais je ne prétends pas, moi, les avoir faites pour rien.

HARPAGON, *montrant maître Jacques.*

Pour votre paiement, voilà un homme que je vous donne à pendre.

MAITRE JACQUES.

Hélas ! comment faut-il donc faire ? On me donne des coups de bâton pour dire vrai, et on me veut pendre pour mentir !

ANSELME.

Seigneur Harpagon, il faut lui pardonner cette imposture.

HARPAGON.

Vous paierez donc le commissaire ?

ANSELME, *à Cléante.*

Soit. Allons vite faire part de notre joie à votre mère.

HARPAGON.

Et moi, voir ma chère cassette.

FIN DE L'AVARE.

LE BOURGEOIS GENTILHOMME

COMÉDIE EN CINQ ACTES PAR MOLIÈRE

PERSONNAGES

MONSIEUR JOURDAIN, bourgeois.
ORONTE, son frère.
CLÉONTE.
DORANTE, comte.
NICOLAS, valet de M. Jourdain.
COVIELLE, valet de Cléonte.
UN MAITRE DE MUSIQUE.
UN ÉLÈVE du Maître de Musique.
UN MAITRE A DANSER.
UN MAITRE D'ARMES.
UN MAITRE DE PHILOSOPHIE.
UN MAITRE TAILLEUR.
UN GARÇON TAILLEUR.
DEUX LAQUAIS.

ACTE PREMIER

SCÈNE I.

UN MAITRE DE MUSIQUE, UN ÉLÈVE *du maître de musique, composant sur une table qui est au milieu du théâtre*, DEUX MUSICIENS, UN MAITRE A DANSER, DANSEURS.

LE MAITRE DE MUSIQUE, *aux musiciens*.

Venez, entrez dans cette salle, et vous reposez là, en attendant qu'il vienne.

LE MAITRE A DANSER, *aux danseurs*.

Et vous aussi, de ce côté.

LE MAITRE DE MUSIQUE, *à son élève*.

Est-ce fait ?

L'ÉLÈVE.

Oui.

LE MAITRE DE MUSIQUE.

Voyons... Voilà qui est bien.

LE MAITRE A DANSER.

Est-ce quelque chose de nouveau ?

LE MAITRE DE MUSIQUE.

Oui. C'est un air pour une sérénade que je lui ai fait composer ici, en attendant que notre homme fût éveillé.

LE MAITRE A DANSER.

Peut-on voir ce que c'est ?

LE MAITRE DE MUSIQUE.

Vous l'allez entendre avec le dialogue, quand il viendra. Il ne tardera guère.

LE MAITRE A DANSER.

Nos occupations, à vous et à moi, ne sont pas petites maintenant.

LE MAITRE DE MUSIQUE.

Il est vrai. Nous avons trouvé ici un homme comme

il nous le faut à tous deux. Ce nous est une douce rente que ce monsieur Jourdain, avec les visions de noblesse qu'il est allé se mettre en tête ; et votre danse et ma musique auraient à souhaiter que tout le monde lui ressemblât.

LE MAITRE A DANSER.

Non pas entièrement ; et je voudrais pour lui, qu'il se connût mieux qu'il ne fait aux choses que nous lui donnons.

LE MAITRE DE MUSIQUE.

Il est vrai qu'il les connaît mal, mais il les paie bien ; et c'est de quoi maintenant nos arts ont plus besoin que de toute autre chose.

LE MAITRE A DANSER.

Pour moi, je vous l'avoue, je me repais un peu de gloire. Les applaudissements me touchent ; et je tiens que, dans tous les beaux-arts, c'est un supplice assez fâcheux que de se produire à des sots, que d'essuyer sur des compositions la barbarie d'un stupide. Il y a plaisir, ne m'en parlez point, à travailler pour des personnes qui soient capables de sentir les délicatesses d'un art, qui sachent faire un doux accueil aux beautés d'un ouvrage, et, par de chatouillantes approbations, vous régaler de votre travail. Oui, la récompense la plus agréable qu'on puisse recevoir des choses que l'on fait, c'est de les voir caressées d'un applaudissement qui vous honore. Il n'y a rien, à mon avis, qui nous paie mieux que cela de toutes nos fatigues ; et ce sont des douceurs exquises que des louanges éclairées.

LE MAITRE DE MUSIQUE.

J'en demeure d'accord ; et je les goûte comme vous. Il n'y a rien assurément qui chatouille davantage que les applaudissements que vous dites ; mais cet encens ne fait pas vivre. Des louanges toutes pures ne mettent point un homme à son aise, il y faut mêler du solide ; et la meilleure façon de louer, c'est de louer avec les mains. C'est un homme, à la vérité, dont les lumières sont petites, qui parle à tort et à travers de toutes choses, et n'applaudit qu'à contre-sens ; mais son argent redresse les jugements de son esprit ; il a du discernement dans sa bourse ; ses louanges sont monnayées ; et ce bourgeois ignorant nous vaut mieux, comme vous voyez, que le grand seigneur éclairé qui nous a introduits ici.

LE MAITRE A DANSER.

Il y a quelque chose de vrai dans ce que vous dites ; mais je trouve que vous appuyez un peu trop sur l'argent ; et l'intérêt est quelque chose de si bas, qu'il ne faut jamais qu'un honnête homme montre pour lui de l'attachement.

LE MAITRE DE MUSIQUE.

Vous recevez fort bien pourtant l'argent que notre homme vous donne.

LE MAITRE A DANSER.

Assurément, mais je n'en fais pas tout mon bonheur, et je voudrais qu'avec son bien il eût encore quelque bon goût des choses.

LE MAITRE DE MUSIQUE.

Je le voudrais aussi : et c'est à quoi nous travaillons tous deux autant que nous pouvons. Mais, en tous cas, il nous donne moyen de nous faire connaître dans le monde ; et il paiera pour les autres ce que les autres loueront pour lui.

LE MAITRE A DANSER.

Le voilà qui vient.

SCÈNE II.

M. JOURDAIN, *en robe de chambre et en bonnet de nuit*; LE MAITRE DE MUSIQUE, LE MAITRE A DANSER, L'ÉLÈVE *du maitre de musique*; DEUX LAQUAIS.

M. JOURDAIN.

Hé bien, messieurs, qu'est-ce ? Me ferez-vous voir votre petite drôlerie ?

LE MAITRE A DANSER.

Comment ! quelle petite drôlerie ?

M. JOURDAIN.

Hé ! la... comment appelez-vous cela ? votre prologue ou dialogue de chansons et de danse ?

LE MAITRE A DANSER.

Ah ! ah !

LE MAITRE DE MUSIQUE.

Vous nous y voyez préparés.

M. JOURDAIN.

Je vous ai fait un peu attendre ; mais c'est que je me fais habiller aujourd'hui comme les gens de qualité, et mon tailleur m'a envoyé des bas de soie que j'ai pensé ne mettre jamais.

LE MAITRE DE MUSIQUE.

Nous ne sommes ici que pour attendre votre loisir.

M. JOURDAIN.

Je vous prie tous deux de ne vous point en aller qu'on ne m'ait apporté mon habit, afin que vous me puissiez voir.

LE MAITRE A DANSER.

Tout ce qu'il vous plaira.

M. JOURDAIN.

Vous me verrez équipé comme il faut, depuis les pieds jusqu'à la tête.

LE MAITRE DE MUSIQUE.

Nous n'en doutons point.

M. JOURDAIN.

Je me suis fait faire cette indienne-ci.

LE MAITRE A DANSER.

Elle est fort belle.

M. JOURDAIN.

Mon tailleur m'a dit que les gens de qualité étaient comme cela le matin.

LE MAITRE DE MUSIQUE.

Cela vous sied à merveille.

M. JOURDAIN.

Laquais ! holà, mes deux laquais !

PREMIER LAQUAIS.

Que voulez-vous, monsieur ?

M. JOURDAIN

Rien. C'est pour voir si vous m'entendez bien. *(au maître de musique et au maître à danser.)* Que dites-vous de mes livrées ?

LE MAITRE A DANSER.

Elles sont magnifiques.

M. JOURDAIN, *entr'ouvrant sa robe, et faisant voir son haut-de-chausses étroit de velours rouge, et sa camisole de velours vert.*

Voici encore un petit déshabillé pour faire le matin mes exercices.

LE MAITRE DE MUSIQUE.

Il est galant.

M. JOURDAIN.

Laquais !

PREMIER LAQUAIS

Monsieur.

M. JOURDAIN.

L'autre laquais.

SECOND LAQUAIS.

Monsieur.

M. JOURDAIN, *ôtant sa robe de chambre.*

Tenez ma robe, *(au maître de musique et au maître à danser.)* Me trouvez-vous bien comme cela ?

LE MAITRE A DANSER.

Fort bien. On ne peut mieux.

M. JOURDAIN.

Voyons un peu votre affaire.

LE MAITRE DE MUSIQUE.

Je voudrais bien auparavant vous faire entendre un air *(montrant son élève.)* qu'il vient de composer pour la sérénade que vous m'avez demandée. C'est un de mes écoliers qui a pour ces sortes de choses un talent admirable.

M. JOURDAIN.

Oui : mais il ne fallait pas faire faire cela par un écolier ; et vous n'étiez pas trop vous-même pour cette besogne-là.

LE MAITRE DE MUSIQUE.

Il ne faut pas, monsieur, que le nom d'écolier vous abuse. Ces sortes d'écoliers en savent autant que les plus grands maîtres ; et l'air est aussi beau qu'il s'en puisse faire. Ecoutez seulement.

M. JOURDAIN, *à ses laquais.*

Donnez-moi ma robe pour mieux entendre... Attendez, je crois que je serai mieux sans robe... Non, redonnez-la-moi ; cela ira mieux.

(L'élève chante une romance.)

Cette chanson me semble un peu lugubre ; elle endort ; et je voudrais que vous la puissiez un peu ragaillardir par-ci par-là.

LE MAITRE DE MUSIQUE.

Il faut, monsieur, que l'air soit accommodé aux paroles.

M. JOURDAIN.

On m'en apprit un tout-à-fait joli, il y a quelque temps. Attendez... là... Comment est-ce qu'il dit ?

LE MAITRE A DANSER.

Par ma foi, je ne sais.

M. JOURDAIN.

Ah ! (*Il chante un couplet d'une chanson.*) N'est-il pas joli ?

LE MAITRE DE MUSIQUE.

Le plus joli du monde.

LE MAITRE A DANSER.

Et vous le chantez bien.

M. JOURDAIN.

C'est sans avoir appris la musique.

LE MAITRE DE MUSIQUE.

Vous devriez l'apprendre, monsieur, comme vous faites la danse. Ce sont deux arts qui ont une étroite liaison ensemble.

LE MAITRE A DANSER.

Et qui ouvrent l'esprit d'un homme aux belles choses.

M. JOURDAIN.

Est-ce que les gens de qualité apprennent aussi la musique ?

LE MAITRE DE MUSIQUE.

Oui, monsieur.

M. JOURDAIN.

Je l'apprendrai donc Mais je ne sais quel temps je pourrai prendre ; car, outre le maître d'armes qui me montre, j'ai arrêté encore un maître de philosophie, qui doit commencer ce matin.

LE MAITRE DE MUSIQUE.

La philosophie est quelque chose ; mais la musique, monsieur, la musique...

LE MAITRE A DANSER.

La musique et la danse... La musique et la danse, c'est là tout ce qu'il faut.

LE MAITRE DE MUSIQUE.

Il n'y a rien qui soit si utile dans un état que la musique.

LE MAITRE A DANSER.

Il n'y a rien de si nécessaire aux hommes que la danse.

LE MAITRE DE MUSIQUE.

Sans la musique un état ne peut subsister.

LE MAITRE A DANSER.

Sans la danse un homme ne saurait rien faire.

LE MAITRE DE MUSIQUE.

Tous les désordres, toutes les guerres qu'on voit dans le monde, n'arrivent que pour n'apprendre pas la musique.

LE MAITRE A DANSER.

Tous les malheurs des hommes, tous les revers funestes dont les histoires sont remplies, les bévues des politiques, les manquements des grands capitaines, tout cela n'est venu que faute de savoir danser.

M JOURDAIN.

Comment cela ?

LE MAITRE DE MUSIQUE.

La guerre ne vient-elle pas d'un manque d'union entre les hommes ?

M. JOURDAIN.

Cela est vrai.

LE MAITRE DE MUSIQUE.

Et si tous les hommes apprenaient la musique, ne serait-ce pas le moyen de s'accorder ensemble, et de voir dans le monde la paix universelle ?

M. JOURDAIN.

Vous avez raison.

LE MAITRE A DANSER.

Lorsqu'un homme a commis un manquement dans sa conduite, soit aux affaires de sa famille, ou au gouvernement d'un état ou au commandement d'une armée, ne dit-on pas toujours : Un tel a fait un mauvais pas dans une telle affaire ?

M. JOURDAIN

Oui, on dit cela.

LE MAITRE A DANSER.

Et faire un mauvais pas, peut-il procéder d'autre chose que de ne pas savoir danser ?

M. JOURDAIN.

Cela est vrai, et vous avez raison tous deux.

LE MAITRE A DANSER.

C'est pour vous faire voir l'excellence et l'utilité de la danse et de la musique.

M. JOURDAIN.

Je comprends cela à cette heure ; allons voir les danseurs. *(Ils sortent pour aller voir les danseurs.)*

FIN DU PREMIER ACTE.

ACTE SECOND.

SCÈNE I.

M. JOURDAIN, LE MAITRE DE MUSIQUE, LE MAITRE A DANSER.

M. JOURDAIN.

Voilà qui n'est point sot, et ces gens-là se trémoussent bien.

LE MAITRE DE MUSIQUE.

Lorsque la danse sera mêlée avec la musique, cela fera plus d'effet encore ; et vous verrez quelque chose de galant dans le petit ballet que nous avons ajusté pour vous.

M. JOURDAIN.

C'est pour tantôt au moins ; et la personne pour qui j'ai fait faire tout cela me doit faire l'honneur de venir dîner céans.

LE MAITRE A DANSER.

Tout est prêt.

LE MAITRE DE MUSIQUE.

Au reste, monsieur, ce n'est pas assez ; il faut qu'une personne comme vous, qui êtes magnifique, et qui avez de l'inclination pour les belles choses, ait un concert de musique chez soi tous les mercredis, ou tous les jeudis.

M. JOURDAIN.

Est-ce que les gens de qualité en ont ?

LE MAITRE DE MUSIQUE.

Oui, monsieur.

M. JOURDAIN.

J'en aurai donc. Cela sera-t-il beau ?

LE MAITRE DE MUSIQUE.

Sans doute. Il nous faudra trois voix de dessus, une haute-contre, et une basse, qui seront accompagnées d'une basse de viole, d'un théorbe et d'un clavecin pour les basses continues, avec deux dessus de violon pour jouer les ritournelles.

M. JOURDAIN.

Il y faudra mettre aussi une trompette marine. La trompette marine est un instrument qui me plaît, et qui est harmonieux.

LE MAITRE DE MUSIQUE.

Laissez-nous gouverner les choses.

M. JOURDAIN.

Au moins, n'oubliez pas tantôt de m'envoyer des musiciens pour chanter à table.

LE MAITRE DE MUSIQUE.

Vous aurez tout ce qu'il vous faut.

M. JOURDAIN.

Mais surtout que le ballet soit beau.

LE MAITRE A DANSER.

Vous en serez content, et, entre autres choses, de certains menuets que vous y verrez.

M. JOURDAIN.

Ah ! les menuets sont ma danse, et je veux que vous me le voyiez danser. Allons, mon maître.

LE MAITRE A DANSER.

Un chapeau, monsieur, s'il vous plaît.

(*M. Jourdain va prendre le chapeau de son laquais, le met par-dessus son bonnet de nuit. Son maître lui prend les mains, et le fait danser sur un air de menuet qu'il chante.*)

La, la, la, la, la, la,
La, la, la, la, la, la, la,
La, la, la, la, la, la,
La, la, la, la, la, la,
La, la, la, la, la. En
cadence, s'il vous plaît. La
La, la, la, la La jambe
droite La, la, la,
Ne remuez point tant les épaules.
La, la, la, la, la, la, la, la, la, la.
Vos deux bras sont estropiés.

La, la, la, la. Haussez la tête.

Tournez la pointe du pied en dehors.

La, la, la. Dressez votre corps.

M. JOURDAIN.

Hé !

LE MAITRE DE MUSIQUE.

Voilà qui est le mieux du monde.

M. JOURDAIN.

A propos, apprenez-moi comment il faut faire une révérence pour saluer une marquise ?

LE MAITRE A DANSER.

Une révérence pour saluer une marquise ?

M JOURDAIN.

Oui, une marquise qui s'appelle Dorimène.

LE MAITRE A DANSER.

Donnez-moi la main.

M. JOURDAIN.

Non, vous n'avez qu'à faire ; je le retiendrai bien.

LE MAITRE A DANSER.

Si vous voulez la saluer avec beaucoup de respect, il faut faire d'abord une révérence en arrière, puis marcher vers elle avec trois révérences en avant, et à la dernière vous baisser jusqu'à ses genoux.

M. JOURDAIN.

Faites un peu. (*Après que le maître à danser a fait trois révérences.*) Bon

SCÈNE II.

M. JOURDAIN, LE MAITRE DE MUSIQUE, LE MAITRE A DANSER, UN LAQUAIS.

LE LAQUAIS.

Monsieur, voilà votre maître d'armes qui est là.

M. JOURDAIN.

Dis-lui qu'il entre ici pour me donner leçon. *(Au maître de musique et au maître à danser.)* Je veux que vous me voyiez faire.

SCÈNE III.

M. JOURDAIN, UN MAITRE D'ARMES, LE MAITRE DE MUSIQUE, LE MAITRE A DANSER; UN LAQUAIS, *tenant deux fleurets*.

LE MAITRE D'ARMES, *après avoir pris les deux fleurets de la main du laquais, et en avoir présenté un à M. Jourdain.*

Allons, monsieur, la révérence. Votre corps droit; un peu penché sur la cuisse gauche. Les jambes point tant écartées. Vos pieds sur une même ligne. Votre poignet à l'opposite de votre hanche. La pointe de votre épée vis-à-vis de votre épaule. Le bras pas tout-à-fait si étendu. La main gauche à la hauteur de l'œil. L'épaule

gauche plus carrée. La tête droite. Le regard assuré. Avancez. Le corps ferme. Touchez-moi l'épée de quarte, et achevez de même. Une, deux. Un saut en arrière. Quand vous portez la botte, monsieur, il faut que l'épée parte la première, et que le corps soit bien effacé. Une, deux. Allons, touchez-moi l'épée de tierce, et achevez de même. Avancez. Le corps ferme. Avancez. Partez de là. Une, deux. Remettez-vous. Redoublez. Une, deux, Un saut en arrière. En garde, monsieur, en garde.
(*Le maître d'armes lui pousse deux ou trois bottes, en lui disant : En garde.*)

M. JOURDAIN.
Hé !
LE MAITRE DE MUSIQUE.
Vous faites des merveilles.
LE MAITRE D'ARMES.
Je vous l'ai déjà dit, tout le secret des armes ne consiste qu'en deux choses : à donner, et à ne point recevoir : et, comme je vous fis voir l'autre jour par raison démonstrative, il est impossible que vous receviez, si vous savez détourner l'épée de votre ennemi de la ligne de votre corps ; ce qui ne dépend seulement que d'un petit mouvement du poignet, ou en dedans ou en dehors.

M. JOURDAIN.
De cette façon donc un homme, sans avoir du cœur, est sûr de tuer son homme et de n'être point tué ?

LE MAITRE D'ARMES

Sans doute. N'en vîtes-vous pas la démonstration ?

M. JOURDAIN.

Oui.

LE MAITRE D'ARMES.

Et c'est en quoi l'on voit de quelle considération nous autres nous devons être dans un état, et combien la science des armes l'emporte hautement sur toutes les autres sciences inutiles, comme la danse, la musique, la...

LE MAITRE A DANSER.

Tout beau ! monsieur le tireur d'armes, ne parlez de la danse qu'avec respect.

LE MAITRE DE MUSIQUE.

Apprenez, je vous prie, à mieux traiter l'excellence de la musique.

LE MAITRE D'ARMES.

Vous êtes de plaisantes gens de vouloir comparer vos sciences à la mienne !

LE MAITRE DE MUSIQUE.

Voyez un peu l'homme d'importance !

LE MAITRE A DANSER.

Voilà un plaisant animal avec son plastron !

LE MAITRE D'ARMES.

Mon petit maître à danser, je vous ferai danser comme il faut. Et vous, mon petit musicien, je vous ferai chanter de la belle manière.

LE MAÎTRE A DANSER.

Monsieur le batteur de fer, je vous apprendrai votre métier.

M. JOURDAIN, *au maître à danser.*

Etes-vous fou de l'aller quereller, lui qui entend la tierce et la quarte, et qui sait tuer un homme par raison démonstrative ?

LE MAÎTRE A DANSER.

Je me moque de sa raison démonstrative, et de sa tierce et de sa quarte.

M. JOURDAIN, *au maître à danser.*

Tout doux, vous dis-je.

LE MAÎTRE D'ARMES, *au maître à danser.*

Comment, petit impertinent !

M. JOURDAIN.

Hé ! mon maître d'armes !

LE MAÎTRE A DANSER, *au maître d'armes.*

Comment, grand cheval de carrosse !

M. JOURDAIN.

Hé ! mon maître à danser !

LE MAÎTRE D'ARMES.

Si je me jette sur vous...

M. JOURDAIN, *au maître d'armes.*

Doucement !

LE MAÎTRE A DANSER.

Si je mets sur vous la main...

M. JOURDAIN, *au maître à danser.*

Tout beau !

LE MAITRE D'ARMES.

Je vous étrillerai d'un air...

M. JOURDAIN, *au maître d'armes.*

De grâce !

LE MAITRE A DANSER.

Je vous rosserai d'une manière...

M. JOURDAIN, *au maître à danser.*

Je vous prie.

LE MAITRE DE MUSIQUE.

Laissez-nous un peu lui apprendre à parler.

M. JOURDAIN, *au maître de musique.*

Mon dieu ! arrêtez-vous.

SCÈNE IV.

UN MAITRE DE PHILOSOPHIE, M. JOURDAIN, LE MAITRE DE MUSIQUE, LE MAITRE A DANSER, LE MAITRE D'ARMES, UN LAQUAIS.

M. JOURDAIN.

Holà, monsieur le philosophe, vous arrivez fort à propos avec votre philosophie. Venez un peu mettre la paix entre ces personnes-ci.

LE MAITRE DE PHILOSOPHIE.

Qu'est-ce donc ? Qu'y a-t-il, messieurs ?

M. JOURDAIN.

Ils se sont mis en colère pour la préférence de leurs professions, jusqu'à se dire des injures et en vouloir venir aux mains.

LE MAITRE DE PHILOSOPHIE.

Hé quoi? messieurs, faut-il s'emporter de la sorte? Et n'avez-vous point lu le docte traité que Sénèque a composé de la colère? Y a-t-il rien de plus bas et de plus honteux que cette passion, qui fait d'un homme une bête féroce? et la raison ne doit-elle pas être maîtresse de tous nos mouvements?

LE MAITRE A DANSER.

Comment, monsieur! il vient nous dire des injures à tous deux, en méprisant la danse, que j'exerce, et la musique dont il fait profession!

LE MAITRE DE PHILOSOPHIE.

Un homme sage est au-dessus de toutes les injures qu'on lui peut dire; et la grande réponse qu'on doit faire aux outrages, c'est la modération et la patience.

LE MAITRE D'ARMES.

Ils ont tous deux l'audace de vouloir comparer leurs professions à la mienne.

LE MAITRE DE PHILOSOPHIE.

Faut-il que cela vous émeuve? Ce n'est pas de vaine gloire et de condition que les hommes doivent disputer entr'eux; et ce qui nous distingue parfaitement les uns des autres, c'est la sagesse et la vertu.

LE MAITRE A DANSER.

Je lui soutiens que la danse est une science à laquelle on ne peut faire assez d'honneur.

LE MAITRE DE MUSIQUE.

Et moi, que la musique en est une que tous les siècles ont révérée.

LE MAITRE D'ARMES.

Et moi, je leur soutiens à tous deux que la science de tirer des armes est la plus belle et la plus nécessaire de toutes les sciences.

LE MAITRE DE PHILOSOPHIE.

Et que sera donc la philosophie ? Je vous trouve tous trois bien impertinents de parler devant moi avec cette arrogance, et de donner impudemment le nom de science à des choses que l'on ne doit pas même honorer du nom d'art, et qui ne peuvent être comprises que sous le nom de métier misérable de gladiateur, de chanteur et de baladin.

LE MAITRE D'ARMES.

Allez, philosophe de chien !

LE MAITRE DE MUSIQUE.

Allez, bélitre de pédant !

LE MAITRE A DANSER.

Allez, cuistre fieffé !

LE MAITRE DE PHILOSOPHIE.

Comment, marauds que vous êtes. *(Le philosophe se jette sur eux, et tous trois le chargent de coups.)*

M. JOURDAIN.

Monsieur le philosophe !

LE MAITRE DE PHILOSOPHIE.

Infâmes ! coquins ! insolents !

M. JOURDAIN.

Monsieur le philosophe !

LE MAITRE A DANSER.

La peste de l'animal !

M. JOURDAIN.

Messieurs !

LE MAITRE DE PHILOSOPHIE

Impudents !

M. JOURDAIN.

Monsieur le philosophe !

LE MAITRE A DANSER.

Diantre soit de l'âne bâté !

M. JOURDAIN.

Messieurs !

LE MAITRE DE PHILOSOPHIE.

Scélérats !

M. JOURDAIN.

Monsieur le philosophe !

LE MAITRE DE MUSIQUE.

Au diable l'impertinent !

M. JOURDAIN.

Messieurs !

LE MAITRE DE PHILOSOPHIE.

Fripons ! gueux ! traîtres ! imposteurs !

M. JOURDAIN.

Monsieur le philosophe ! Messieurs ! Monsieur le philosophe ! Messieurs ! Monsieur le philosophe !

(Ils sortent en se battant.)

SCÈNE V.

M. JOURDAIN, UN LAQUAIS.

M. JOURDAIN.

Oh ! battez-vous tant qu'il vous plaira, je n'y saurais que faire, et je n'irai pas gâter ma robe pour vous séparer. Je serais bien fou de m'aller fourrer parmi eux, pour recevoir quelque coup qui me ferait mal.

SCÈNE VI.

LE MAITRE DE PHILOSOPHIE, M. JOURDAIN, UN LAQUAIS.

LE MAITRE DE PHILOSOPHIE, *raccommodant son collet.*
Venons à notre leçon.

M. JOURDAIN.

Ah ! monsieur, je suis fâché des coups qu'ils vous ont donnés.

LE MAITRE DE PHILOSOPHIE.

Cela n'est rien. Un philosophe sait recevoir comme il faut les choses ; et je vais composer contre eux une satire du style de Juvénal, qui les déchirera de la belle façon. Laissons cela. Que voulez-vous apprendre ?

M. JOURDAIN.

Tout ce que je pourrai ; car j'ai toutes les envies du monde d'être savant ; et j'enrage que mon père et ma mère ne m'aient pas bien fait étudier dans toutes les sciences quand j'étais jeune.

LE MAITRE DE PHILOSOPHIE.

Ce sentiment est raisonnable ; *nam, sine doctrina, vita est quasi mortis imago.* Vous entendez cela, et vous savez le latin, sans doute ?

M. JOURDAIN.

Oui : mais faites comme si je ne le savais pas : expliquez-moi ce que cela veut dire.

LE MAITRE DE PHILOSOPHIE.

Cela veut dire que, *sans la science, la vie est presque une image de la mort.*

M. JOURDAIN.

Ce latin-là a raison.

LE MAITRE DE PHILOSOPHIE.

N'avez-vous point quelques principes, quelques commencements des sciences ?

M. JOURDAIN.

Oh ! oui. Je sais lire et écrire.

LE MAITRE DE PHILOSOPHIE.

Par où vous plaît-il que nous commencions ? Voulez-vous que je vous apprenne la logique ?

M. JOURDAIN.

Qu'est-ce que c'est que cette logique ?

LE MAITRE DE PHILOSOPHIE.

C'est-elle qui enseigne les trois opérations de l'esprit.

M. JOURDAIN.

Qui sont-elles ces trois opérations de l'esprit ?

LE MAITRE DE PHILOSOPHIE.

La première, la seconde et la troisième. La première est de bien concevoir, par le moyen des universaux ; la seconde de bien juger par le moyen des catégories ; et la troisième de bien tirer une conséquence, par le moyen des figures, *Barbara*, *celarent*, *Darii*, *ferio*, *baralipton*, etc.

M. JOURDAIN.

Voilà des mots qui sont trop rébarbatifs. Cette logique-là ne me revient point. Apprenons autre chose qui soit plus joli.

LE MAITRE DE PHILOSOPHIE.

Voulez-vous apprendre la morale ?

M. JOURDAIN.

La morale ?

LE MAITRE DE PHILOSOPHIE.

Oui.

M. JOURDAIN.

Qu'est-ce qu'elle dit, cette morale ?

LE MAITRE DE PHILOSOPHIE.

Elle traite de la félicité, enseigne aux hommes à modérer leurs passions, et...

M. JOURDAIN.

Non, laissons cela : je suis bilieux comme tous les diables ; et il n'y a morale qui tienne ; je me veux mettre en colère tout mon soûl, quand il m'en prend envie.

LE MAITRE DE PHILOSOPHIE.
Est-ce la physique que vous voulez apprendre ?
M. JOURDAIN.
Qu'est-ce qu'elle chante, cette physique ?
LE MAITRE DE PHILOSOPHIE.
La physique est celle qui explique les principes des choses naturelles, et les propriétés des corps ; qui discourt de la nature des éléments, des métaux, des minéraux, des pierres, des plantes et des animaux ; et nous enseigne les causes de tous les météores, l'arc-en-ciel, les feux volants, les comètes, les éclairs, le tonnerre, la foudre, la pluie, la neige, la grêle, les vents et les tourbillons.
M. JOURDAIN.
Il y a trop de tintamarre là-dedans, trop de brouillamini.
LE MAITRE DE PHILOSOPHIE.
Que voulez-vous donc que je vous apprenne ?
M. JOURDAIN.
Apprenez-moi l'orthographe.
LE MAITRE DE PHILOSOPHIE.
Très volontiers.
M. JOURDAIN.
Après, vous m'apprendrez l'almanach, pour savoir quand il y a de la lune, et quand il n'y en a point.
LE MAITRE DE PHILOSOPHIE.
Soit. Pour bien suivre votre pensée, et traiter cette matière en philosophe, il faut commencer, selon l'ordre

des choses, par une exacte connaissance de la nature des lettres, et de la différente manière de les prononcer toutes. Et là-dessus j'ai à vous dire que les lettres sont divisées en voyelles, ainsi dites voyelles, parce qu'elles expriment les voix ; et en consonnes, ainsi appelées consonnes, parce qu'elles sonnent avec les voyelles, et ne font que marquer les diverses articulations des voix. Il y a cinq voyelles ou voix, A, E, I, O, U.

M. JOURDAIN.

J'entends tout cela.

LE MAITRE DE PHILOSOPHIE.

La voix se forme en ouvrant fort la bouche, A.

M. JOURDAIN.

A, A. Oui.

LE MAITRE DE PHILOSOPHIE.

La voix E se forme en rapprochant la mâchoire d'en bas de celle d'en haut. A, E.

M. JOURDAIN.

A, E ; A, E. Ma foi, oui. Ah ! que cela est beau !

LE MAITRE DE PHILOSOPHIE.

Et la voix I, en rapprochant davantage les mâchoires l'une de l'autre, et écartant les deux coins de la bouche vers les oreilles, A, E, I.

M. JOURDAIN.

A, E, I, I, I, I. Cela est vrai. Vive la science !

LE MAITRE DE PHILOSOPHIE.

La voix O se forme en ouvrant les mâchoires et rapprochant les lèvres par les deux coins, le haut et le bas, O.

M. JOURDAIN.

O, O. Il n'y a rien de plus juste. A, E, I, O ; I, O. Cela est admirable ! I, O ; I, O.

LE MAITRE DE PHILOSOPHIE.

L'ouverture de la bouche fait justement comme un petit rond qui représente un O.

M. JOURDAIN.

O, O, O. Vous avez raison. O. Ah ! la belle chose que de savoir quelque chose !

LE MAITRE DE PHILOSOPHIE.

La voix U se forme en rapprochant les dents sans les joindre entièrement, et allongeant les deux lèvres en dehors, les approchant aussi l'une de l'autre sans les joindre tout à fait, U.

M. JOURDAIN.

U, U. Il n'y a rien de plus véritable : U.

LE MAITRE DE PHILOSOPHIE.

Vos deux lèvres s'allongent comme si vous faisiez la moue ; d'où vient que, si vous voulez la faire à quelqu'un, et vous moquer de lui, vous ne sauriez lui dire que U.

M. JOURDAIN.

U, U. Cela est vrai. Ah ! que n'ai-je étudié plus tôt pour savoir tout cela !

LE MAITRE DE PHILOSOPHIE.

Demain nous verrons les autres lettres, qui sont les consonnes.

M. JOURDAIN.

Est-ce qu'il y a des choses aussi curieuses qu'à celle-ci ?

LE MAITRE DE PHILOSOPHIE.

Sans doute. La consonne D, par exemple, se prononce en donnant du bout de la langue au-dessus des dents d'en haut, DA.

M. JOURDAIN.

DA, DA Oui. Ah ! les belles choses ! les belles choses !

LE MAITRE DE PHILOSOPHIE.

L'F, en appuyant les dents d'en haut sur la lèvre de dessous. FA.

M. JOURDAIN.

FA, FA. C'est la vérité. Ah ! mon père et ma mère, que je vous veux du mal !

LE MAITRE DE PHILOSOPHIE.

Et l'R, en portant le bout de la langue jusqu'au haut du palais, de sorte qu'étant frôlée par l'air qui sorte avec force, elle lui cède, et revient toujours au même endroit, faisant une manière de tremblement, R, RA.

M. JOURDAIN.

R, R, RA ; R, R, R, R, R, RA. Cela est vrai. Ah ! l'habile homme que vous êtes ! et que j'ai perdu de temps ! R, R, R, RA.

LE MAITRE DE PHILOSOPHIE.

Je vous expliquerai à fond toutes ces curiosités.

M. JOURDAIN.

Je vous en prie. Au reste, il faut que je vous fasse une confidence. Je suis ami d'une personne de grande qualité, et je souhaiterais que vous m'aidassiez à lui écrire quelque chose dans un petit billet.

LE MAITRE DE PHILOSOPHIE.

Fort bien.

M. JOURDAIN.

Cela sera galant, oui.

LE MAITRE DE PHILOSOPHIE.

Sans doute. Sont-ce des vers que vous lui voulez écrire ?

M. JOURDAIN.

Non, non, point de vers.

LE MAITRE DE PHILOSOPHIE.

Vous ne voulez que de la prose.

M. JOURDAIN.

Non, je ne veux ni prose, ni vers.

LE MAITRE DE PHILOSOPHIE.

Il faut bien que ce soit l'un ou l'autre.

M. JOURDAIN.

Pourquoi ?

LE MAITRE DE PHILOSOPHIE

Par la raison, monsieur, qu'il n'y a pour s'exprimer que la prose ou les vers.

M. JOURDAIN.

Il n'y a que la prose ou les vers ?

LE MAITRE DE PHILOSOPHIE.

Oui, monsieur, tout ce qui n'est point prose est vers ; et tout ce qui n'est point vers est prose.

M. JOURDAIN.

Et comme l'on parle, qu'est-ce que c'est donc que cela ?

LE MAITRE DE PHILOSOPHIE.

De la prose.

M. JOURDAIN.

Quoi ! quand je dis, Nicolas, apportez-moi mes pantoufles, et me donnez mon bonnet de nuit, c'est de la prose ?

LE MAITRE DE PHILOSOPHIE.

Oui, monsieur.

M. JOURDAIN.

Par ma foi, il y a plus de quarante ans que je dis de la prose sans que j'en susse rien ; et je vous suis le plus obligé du monde de m'avoir appris cela. Je vous remercie de tout mon cœur, et je vous prie de venir demain de bonne heure.

LE MAITRE DE PHILOSOPHIE.

Je n'y manquerai pas.

SCÈNE VII.

M. JOURDAIN, UN LAQUAIS.

M. JOURDAIN, *à son laquais*.

Comment ! mon habit n'est pas encore arrivé ?

LAQUAIS.

Non, monsieur.

M. JOURDAIN.

Ce maudit tailleur me fait bien attendre pour un

jour où j'ai tant d'affaires. J'enrage. Que la fièvre quartaine puisse serrer bien fort ce bourreau de tailleur ! Au diable le tailleur ! La peste étouffe le tailleur ! Si je le tenais maintenant, ce tailleur détestable, ce chien de tailleur-là, ce traître de tailleur, je...

SCÈNE VIII.

M. JOURDAIN, UN MAITRE TAILLEUR, UN TAILLEUR, *portant l'habit de M. Jourdain ;* UN LAQUAIS.

M. JOURDAIN.

Ah ! vous voilà ! Je m'allais mettre en colère contre vous.

LE MAITRE TAILLEUR.

Je n'ai pas pu venir plus tôt, et j'ai mis vingt garçons après votre habit.

M. JOURDAIN.

Vous m'avez envoyé des bas de soie si étroits, que j'ai eu toutes les peines du monde à les mettre, et il y a déjà deux mailles de rompues.

LE MAITRE TAILLEUR.

Ils ne s'élargiront que trop.

M. JOURDAIN.

Oui, si je romps toujours des mailles. Vous m'avez aussi fait faire des souliers qui me blessent furieusement.

LE MAITRE TAILLEUR.

Point du tout, monsieur.

M. JOURDAIN.

Comment, point du tout!

LE MAITRE TAILLEUR.

Non, ils ne vous blessent point.

M. JOURDAIN.

Je vous dis qu'ils me blessent, moi.

LE MAITRE TAILLEUR.

Vous vous imaginez cela.

M. JOURDAIN.

Je me l'imagine parce que je le sens. Voyez la belle raison!

LE MAITRE TAILLEUR.

Tenez, voilà le plus bel habit de la cour et le mieux assorti. C'est un chef-d'œuvre que d'avoir inventé un habit sérieux qui ne fût pas noir; et je le donne en six coups aux tailleurs les plus éclairés.

M. JOURDAIN

Qu'est-ce que c'est que ceci? Vous avez mis les fleurs en en-bas.

LE MAITRE TAILLEUR.

Vous ne m'aviez pas dit que vous les vouliez en en-haut.

M. JOURDAIN.

Est-ce qu'il faut dire cela?

LE MAITRE TAILLEUR.

Oui vraiment. Toutes les personnes de qualité les portent de la sorte.

M. JOURDAIN.

Les personnes de qualité portent les fleurs en en-bas?

LE MAITRE TAILLEUR.

Oui, monsieur.

M. JOURDAIN.

Oh ! voilà qui est donc bien.

LE MAITRE TAILLEUR.

Si vous voulez, je les mettrai en en-haut.

M. JOURDAIN.

Non, non.

LE MAITRE TAILLEUR.

Vous n'avez qu'à dire.

M. JOURDAIN.

Non, vous dis-je, vous avez bien fait. Croyez-vous que l'habit m'aille bien ?

LE MAITRE TAILLEUR.

Belle demande ! Je défie un peintre avec son pinceau de vous faire rien de plus juste. J'ai chez moi un garçon qui, pour monter un rhingrave, est le plus grand génie du monde ; et un autre qui, pour assembler un pourpoint, est le héros de notre temps.

M. JOURDAIN.

La perruque et les plumes sont-elles comme il faut ?

LE MAITRE TAILLEUR.

Tout est bien.

M. JOURDAIN, *regardant l'habit du tailleur.*

Ah ! ah ! monsieur le tailleur, voilà de mon étoffe du dernier habit que vous m'avez fait. Je le reconnais bien.

LE MAITRE TAILLEUR.

C'est que l'étoffe me sembla si belle, que j'en ai voulu lever un habit pour moi.

M. JOURDAIN.

Oui ; mais il ne fallait pas le lever avec le mien.

LE MAITRE TAILLEUR.

Voulez-vous mettre votre habit ?

M. JOURDAIN.

Oui, donnez-le moi.

LE MAITRE TAILLEUR.

Attendez ; cela ne va pas comme cela : ces sortes d'habits se mettent avec cérémonie. Holà, entrez, vous autres.

SCÈNE IX.

M. JOURDAIN, LE MAITRE TAILLEUR, LE GARÇON TAILLEUR, GARÇONS TAILLEURS, UN LAQUAIS.

LE MAITRE TAILLEUR, *à ses garçons*.

Mettez cet habit à monsieur de la manière que vous faites aux personnes de qualité.

(*Les quatre garçons tailleurs s'approchent de M. Jourdain. Deux lui arrachent le haut-de-chausses de ses exercices, les deux autres lui ôtent la camisole; après quoi, ils lui mettent son habit neuf. M. Jourdain se promène au milieu d'eux, et leur montre son habit, pour voir s'il est bien fait.*)

GARÇON TAILLEUR.

Mon gentilhomme, donnez, s'il vous plaît, aux garçons quelque chose pour boire.

M. JOURDAIN.

Comment m'appelez-vous ?

GARÇON TAILLEUR.

Mon gentilhomme.

M. JOURDAIN.

Mon gentilhomme! Voilà ce que c'est que de se mettre en personne de qualité. Allez-vous-en demeurer toujours habillé en bourgeois, on ne vous dira point mon gentilhomme. *(Donnant de l'argent.)* Tenez, voilà pour mon gentilhomme.

GARÇON TAILLEUR.

Monseigneur, nous vous sommes bien obligés.

M. JOURDAIN.

Monseigneur! Oh, oh! monseigneur! Attendez, mon ami, monseigneur mérite quelque chose ; et ce n'est pas une petite parole que monseigneur. Tenez, voilà ce que monseigneur vous donne.

GARÇON TAILLEUR.

Monseigneur, nous allons boire tous à la santé de votre grandeur.

M. JOURDAIN.

Votre grandeur! Oh! oh! oh! Attendez, ne vous en allez pas. A moi, votre grandeur! *(bas, à part.)* Ma foi, s'il va jusqu'à l'altesse, il aura toute la bourse. *(haut.)* Tenez, voilà pour ma grandeur.

GARÇON TAILLEUR.

Monseigneur, nous la remercions très humblement de ses libéralités.

M. JOURDAIN.
Il a bien fait, je lui allais tout donner.

FIN DU SECOND ACTE.

ACTE TROISIÈME.

SCÈNE I.

M. JOURDAIN, DEUX LAQUAIS.

M. JOURDAIN.
Suivez-moi, que j'aille un peu montrer mon habit par la ville ; et surtout, ayez bien soin tous deux de marcher immédiatement sur mes pas, afin qu'on voie bien que vous êtes à moi.

LAQUAIS.
Oui, monsieur.

M. JOURDAIN.
Appelez-moi Nicolas, que je lui donne quelques ordres. Ne bougez, le voilà.

SCÈNE II.

M. JOURDAIN, NICOLAS, DEUX LAQUAIS.

M. JOURDAIN.
Nicolas.

NICOLAS.

Plaît-il ?

M. JOURDAIN.

Ecoutez.

NICOLAS, *riant*.

Hi, hi, hi, hi

M. JOURDAIN.

Qu'as-tu à rire ?

NICOLAS.

Hi, hi, hi, hi.

M. JOURDAIN.

Que veut-il dire ?

NICOLAS.

Hi, hi, hi. Comme vous voilà bâti ! Hi, hi, hi.

M. JOURDAIN.

Comment donc ?

NICOLAS.

Ah ! ah ! Hi, hi, hi.

M. JOURDAIN.

Quel fripon est-ce là ? Te moques-tu de moi ?

NICOLAS.

Nenni, monsieur ; j'en serais bien fâché. Hi, hi, hi, hi, hi, hi.

M. JOURDAIN.

Je te baillerai sur le nez, si tu ris davantage.

NICOLAS.

Monsieur, je ne puis pas m'en empêcher. Hi, hi, hi.

M. JOURDAIN.

Tu ne t'arrêteras pas ?

NICOLAS.

Monsieur, je vous demande pardon ; mais vous êtes si plaisant, que je ne puis me tenir de rire. Hi, hi, hi.

M. JOURDAIN.

Mais voyez quelle insolence?

NICOLAS.

Vous êtes tout à fait drôle comme cela. Hi, hi.

M. JOURDAIN.

Je te...

NICOLAS.

Je vous prie de m'excuser. Hi, hi, hi.

M. JOURDAIN.

Tiens, si tu ris encore le moins du monde, je te jure que je t'appliquerai sur la joue le plus grand soufflet qui se soit jamais donné.

NICOLAS.

Hé bien, monsieur, voilà qui est fait, je ne rirai plus.

M. JOURDAIN.

Prends-y bien garde. Il faut que pour tantôt, tu nettoies...

NICOLAS.

Hi, hi.

M. JOURDAIN.

Que tu nettoies comme il faut...

NICOLAS.

Hi, hi.

M. JOURDAIN.

Il faut, dis-je, que tu nettoies la salle, et...

NICOLAS.

Hi, hi.

M. JOURDAIN.

Encore?

NICOLAS, *tombant à force de rire.*

Tenez, monsieur, battez-moi plutôt, et me laissez

rire tout mon soûl ; cela me fera plus de bien. Hi, hi, hi, hi, hi.

M. JOURDAIN.

J'enrage.

NICOLAS.

De grâce, monsieur, je vous prie de me laisser rire. Hi, hi, hi.

M. JOURDAIN.

Si je te prends...

NICOLAS.

Monsieur, eur, je crèverai, ai, si je ne ris. Hi, hi, hi.

M. JOURDAIN.

Mais a-t-on jamais vu un pendard comme celui-là, qui me vient rire insolemment au nez, au lieu de recevoir mes ordres ?

NICOLAS.

Que voulez-vous que je fasse, monsieur ?

M. JOURDAIN.

Que tu songes, coquin, à préparer ma maison pour la compagnie qui doit venir tantôt.

NICOLAS, *se relevant.*

Ah ! par ma foi, je n'ai plus envie de rire ; et toutes vos compagnies font tant de désordres céans, que ce mot est assez pour me mettre en mauvaise humeur.

M. JOURDAIN.

Ne dois-je point, pour toi, fermer ma porte à tou le monde ?

NICOLAS.

Vous devriez au moins la fermer à certaines gens.

SCÈNE III.

M. JOURDAIN, ORONTE, NICOLAS, DEUX LAQUAIS.

ORONTE.

Ah, ah ! voici une nouvelle histoire ! Qu'est-ce que c'est donc, mon frère, que cet équipage-là ? Vous moquez-vous du monde, de vous être fait enharnacher de la sorte ? et avez-vous envie qu'on se raille partout de vous ?

M. JOURDAIN.

Il n'y a que des sots, mon frère, qui se railleront de moi.

ORONTE.

Vraiment, on n'a pas attendu jusqu'à cette heure ; et il y a longtemps que vos façons de faire donnent à rire à tout le monde.

M. JOURDAIN.

Qui est donc tout ce monde-là, s'il vous plaît ?

ORONTE.

Tout ce monde-là est un monde qui a raison, et qui est plus sage que vous. Pour moi, je suis scandalisé de la vie que vous menez. Je ne sais plus ce que c'est que votre maison : on dirait qu'il est céans carême-prenant tous les jours ; et dès le matin, de peur d'y manquer, on y entend des vacarmes de violons et de chanteurs dont tout le voisinage se trouve incommodé.

NICOLAS.

Monsieur Oronte parle bien. Je ne saurais plus voir mon ménage propre avec cet attirail de gens que vous faites venir chez vous. Ils ont des pieds qui vont chercher de la boue dans tous les quartiers de la ville pour l'apporter ici ; et la pauvre Françoise est presque sur les dents à frotter les planchers que vos biaux maîtres viennent crotter régulièrement tous les jours.

ORONTE.

Nicolas a raison, et son sens est meilleur que le vôtre. Je voudrais bien savoir ce que vous pensez faire d'un maître à danser à l'âge que vous avez.

NICOLAS.

Et d'un grand maître tireur d'armes qui vient, avec ses battements de pieds, ébranler toute la maison, et nous déraciner tous les cariaux de notre salle.

M. JOURDAIN.

Taisez-vous, vous, et mon frère.

ORONTE.

Est-ce que vous voulez apprendre à danser pour quand vous n'aurez plus de jambes ?

NICOLAS.

Est-ce que vous avez envie de tuer quelqu'un ?

M. JOURDAIN.

Taisez-vous, vous dis-je : vous êtes des ignorants l'un et l'autre, et vous ne savez pas les prérogatives de tout cela.

ORONTE.

Vous devriez bien plutôt songer à marier votre fille, qui est en âge d'être pourvue.

M. JOURDAIN.

Je songerai à marier ma fille quand il se présentera un parti pour elle, mais je veux songer aussi à apprendre les belles choses.

NICOLAS.

J'ai encore ouï dire, monsieur, qu'il a pris aujourd'hui, pour renfort de potage, un maître de philosophie.

M. JOURDAIN.

Fort bien. Je veux avoir de l'esprit, et savoir raisonner des choses parmi les honnêtes gens.

ORONTE.

N'irez-vous pas l'un de ces jours au collége vous faire donner le fouet à votre âge?

M. JOURDAIN.

Pourquoi non? Plût à Dieu l'avoir tout à l'heure le fouet devant tout le monde, et savoir ce qu'on apprend au collége!

NICOLAS.

Oui, ma foi, cela vous rendrait la jambe bien mieux faite.

M. JOURDAIN.

Sans doute.

ORONTE.

Tout cela est fort nécessaire pour conduire votre maison!

LE BOURGEOIS GENTILHOMME. 137

M. JOURDAIN.

Assurément. Vous parlez tous deux comme des bêtes, et j'ai honte de votre ignorance. Par exemple (*à Oronte*), savez-vous, vous, ce que c'est que vous dites à cette heure ?

ORONTE.

Oui ; je sais que ce que je dis est fort bien dit, et que vous devriez songer à vivre d'autre sorte.

M. JOURDAIN.

Je ne parle pas de cela. Je vous demande ce que c'est que les paroles que vous dites ici.

ORONTE.

Ce sont des paroles bien sensées, et votre conduite ne l'est guère.

M. JOURDAIN.

Je ne parle pas de cela, vous dis-je ; je vous demande, ce que je parle avec vous, ce que je vous dis à cette heure, qu'est-ce que c'est ?

ORONTE.

Des chansons.

M. JOURDAIN.

Hé ! non, ce n'est pas cela. Ce que nous disons tous deux ? le langage que nous tenons à cette heure ?

ORONTE.

Hé bien ?

M. JOURDAIN.

Comment est-ce que cela s'appelle ?

ORONTE

Cela s'appelle comme on veut l'appeler.

M. JOURDAIN.

C'est de la prose.

ORONTE.

De la prose ?

M. JOURDAIN.

Oui, de la prose. Tout ce qui est prose n'est point vers ; et tout ce qui n'est point vers est prose. Et voilà ce que c'est que d'étudier ! *(à Nicolas.)* Et toi, sais-tu bien comme il faut faire pour dire un U ?

NICOLAS.

Comment ?

M. JOURDAIN.

Oui, qu'est-ce que tu fais quand tu dis un U ?

NICOLAS.

Quoi ?

M. JOURDAIN.

Dis un peu U, voir.

NICOLAS.

Hé bien, U.

M. JOURDAIN.

Qu'est-ce que tu fais ?

NICOLAS.

Je dis U.

M. JOURDAIN.

Oui ; mais quand tu dis U, qu'est-ce que tu fais ?

NICOLAS.

Je fais ce que vous me dites.

M. JOURDAIN.

Oh ! l'étrange chose que d'avoir affaire à des bêtes. Tu allonges tes lèvres en dehors, et approches la mâchoire d'en haut de celle d'en bas. U, vois-tu ? U ; je fais la moue, U.

NICOLAS.

Oui, cela est biau !

ORONTE.

Voilà qui est admirable !

M. JOURDAIN.

C'est bien autre chose, si vous aviez vu O, et DA, DA, et FA, FA.

ORONTE.

Qu'est-ce que c'est donc que tout ce galimatias-là ?

NICOLAS.

De quoi est-ce que tout cela guérit ?

M. JOURDAIN.

J'enrage, quand je vois des gens ignorants.

ORONTE.

Allez, vous devriez envoyer promener tous ces gens-là, avec leurs fariboles.

NICOLAS.

Et surtout ce grand escogriffe de maître d'armes qui remplit de poudre tout mon ménage.

M. JOURDAIN.

Ouais ! ce maître d'armes vous tient bien au cœur ! Je te veux faire voir ton impertinence tout à l'heure. (*Après avoir pris les fleurets et en avoir donné un à Nicolas.*) Tiens ; raison démonstrative ; la ligne du corps. Quand on pousse en quarte, on n'a qu'à faire cela ; et quand on pousse en tierce, on n'a qu'à faire cela. Voilà le moyen de n'être jamais tué, et cela n'est-il pas beau d'être assuré de son fait, quand on se bat contre quelqu'un ? Là, pousse-moi un peu pour voir.

NICOLAS.

Hé bien quoi ? *(Nicolas pousse plusieurs bottes à M. Jourdain.)*

M. JOURDAIN.

Tout beau. Holà ! ho ! doucement. Diantre soit le coquin !

NICOLAS.

Vous me dites de pousser.

M. JOURDAIN.

Oui ; mais tu pousses en tierce, avant que de pousser en quarte, et tu n'as pas la patience que je pare.

ORONTE.

Vous êtes fou, mon frère, avec toutes vos fantaisies ; et cela vous est venu depuis que vous vous mêlez de hanter la noblesse.

M. JOURDAIN.

Lorsque je hante la noblesse, je fais paraître mon jugement ; et cela est plus beau que de hanter votre bourgeoisie.

ORONTE.

Çamon vraiment ! il y a fort à gagner à fréquenter vos nobles ! et vous avez bien opéré avec ce beau monsieur le comte dont vous êtes embéguiné.

M. JOURDAIN.

Paix. Songez à ce que vous dites. Savez-vous bien,

mon frère, que vous ne savez pas de qui vous parlez, quand vous parlez de lui ? C'est une personne d'importance plus que vous ne pensez, un seigneur que l'on considère à la cour et qui parle au roi tout comme je vous parle. N'est-ce pas une chose qui m'est tout à fait honorable, que l'on voie venir chez moi une personne de cette qualité, qui m'appelle son cher ami, et me traite comme si j'étais son égal ? Il a pour moi des bontés qu'on ne devinerait jamais ; et devant tout le monde il me fait des caresses dont je suis moi-même confus.

ORONTE.

Oui ; il a des bontés pour vous et vous fait des caresses ; mais il vous emprunte votre argent.

M. JOURDAIN.

Hé bien ! ne m'est-ce pas de l'honneur de prêter de l'argent à un homme de cette condition-là ? et puis-je faire moins pour un seigneur qui m'appelle son cher ami ?

ORONTE.

Et ce seigneur, que fait-il pour vous ?

M. JOURDAIN.

Des choses dont on serait étonné si on les savait.

ORONTE.

Et quoi ?

M. JOURDAIN.

Baste, je ne puis pas m'expliquer. Il suffit que si je

lui ai prêté de l'argent, il me le rendra bien, et avant qu'il soit peu.

ORONTE.

Oui, attendez-vous à cela.

M. JOURDAIN.

Assurément. Ne me l'a-t-il pas dit ?

ORONTE.

Oui, oui, il ne manquera pas d'y faillir.

M. JOURDAIN.

Il m'a juré sa foi de gentilhomme.

ORONTE.

Chansons.

M. JOURDAIN.

Ouais! vous êtes bien obstiné, mon frère. Je vous dis qu'il me tiendra sa parole, j'en suis sûr.

ORONTE.

Et moi je suis sûr que non, et que toutes les caresses qu'il vous fait ne sont que pour vous enjôler.

M. JOURDAIN.

Taisez-vous. Le voici.

ORONTE.

Il ne nous faut plus que cela. Il vient peut-être encore vous faire quelque emprunt, et il me semble que j'ai dîné quand je le vois.

M. JOURDAIN.

Taisez-vous, vous dis-je.

SCÈNE IV.

DORANTE, M. JOURDAIN, ORONTE, NICOLAS.

DORANTE.

Mon cher ami monsieur Jourdain, comment vous portez-vous ?

M. JOURDAIN.

Fort bien, monsieur, pour vous rendre mes petits services.

DORANTE.

Et monsieur Oronte que voilà, comment se porte-t-il ?

ORONTE.

Monsieur Oronte se porte comme il peut.

DORANTE.

Comment! monsieur Jourdain, vous voilà le plus propre du monde.

M. JOURDAIN.

Vous voyez.

DORANTE.

Vous avez tout à fait bon air avec cet habit; nous n'avons point de jeunes gens à la cour qui soient mieux faits que vous.

M. JOURDAIN.

Hai, hai.

ORONTE, *à part*.

Il le gratte par où il se démange.

DORANTE.

Tournez-vous. Cela est tout à fait galant.

ORONTE, *à part*.

Oui, aussi sot par derrière que par devant.

DORANTE

Ma foi, monsieur Jourdain, j'avais une impatience étrange de vous voir. Vous êtes l'homme du monde que j'estime le plus, et je parlais de vous encore ce matin dans la chambre du roi.

M. JOURDAIN.

Vous me faites beaucoup d'honneur, monsieur. (*A Oronte.*) Dans la chambre du roi.

DORANTE.

Allons, mettez.

M. JOURDAIN.

Monsieur, je sais le respect que je vous dois.

DORANTE.

Mon dieu! mettez. Point de cérémonie entre nous, je vous prie.

M. JOURDAIN.

Monsieur...

DORANTE.

Mettez, vous dis-je, monsieur Jourdain, vous êtes mon ami.

M. JOURDAIN.

Monsieur, je suis votre serviteur.

DORANTE.

Je ne me couvrirai point, si vous ne vous couvrez.

M. JOURDAIN, *se couvrant*.

J'aime mieux être incivil qu'importun.

DORANTE.

Je suis votre débiteur, comme vous savez.

ORONTE, *à part*.

Oui, nous ne le savons que trop.

DORANTE.

Vous m'avez généreusement prêté de l'argent en plusieurs occasions ; et vous m'avez obligé de la meilleure grâce du monde, assurément.

M. JOURDAIN.

Monsieur, vous vous moquez.

DORANTE.

Mais je sais rendre ce qu'on me prête, et reconnaître les plaisirs qu'on me fait.

M. JOURDAIN.

Je n'en doute point, monsieur.

DORANTE.

Je veux sortir d'affaires avec vous, et je viens ici pour faire nos comptes ensemble.

M. JOURDAIN, *bas, à Oronte*.

Hé bien ! vous voyez votre impertinence, mon frère.

DORANTE.

Je suis homme qui aime à m'acquitter le plus tôt que je puis.

M. JOURDAIN, *bas, à Oronte*.

Je vous le disais bien.

DORANTE.

Voyons un peu ce que je vous dois.

M. JOURDAIN, *bas, à Oronte.*

Vous voilà avec vos soupçons ridicules!

DORANTE.

Vous souvenez-vous bien de tout l'argent que vous m'avez prêté?

M. JOURDAIN.

Je crois que oui. J'en ai fait un petit mémoire. Le voici. Donné à vous une fois deux cents louis.

DORANTE.

Cela est vrai.

M. JOURDAIN.

Une autre fois, six vingt.

DORANTE.

Oui.

M. JOURDAIN.

Une autre fois, cent quarante.

DORANTE.

Vous avez raison.

M. JOURDAIN.

Ces trois articles font quatre cent soixante louis, qui valent cinq mille soixante livres.

DORANTE.

Le compte est bon. Cinq mille soixante livres.

M. JOURDAIN.

Mille huit cent trente-deux livres à votre plumassier.

DORANTE.

Justement.

M. JOURDAIN.

Deux mille sept cent quatre-vingts livres à votre tailleur.

DORANTE.

Il est vrai.

M. JOURDAIN.

Quatre mille trois cent septante-neuf livres, douze sous huit deniers à votre marchand.

DORANTE.

Fort bien. Douze sous huit deniers, le compte est juste.

M. JOURDAIN.

Et mille sept cent quarante-huit livres sept sous quatre deniers à votre sellier.

DORANTE.

Tout cela est véritable. Qu'est-ce que cela fait ?

M. JOURDAIN.

Somme totale, quinze mille huit cents livres.

DORANTE.

Somme totale est juste. Quinze mille huit cents livres. Mettez encore deux cents louis que vous m'allez donner, cela fera justement dix-huit mille francs, que je vous paierai au premier jour.

ORONTE, *bas, à M. Jourdain.*

Hé bien ! ne l'avais-je pas bien deviné ?

M. JOURDAIN, *bas, à Oronte.*

Paix.

DORANTE.

Cela vous incommodera-t-il de me donner ce que je vous dis ?

M. JOURDAIN.

Hé ! non.

ORONTE, *bas, à M. Jourdain.*

Cet homme-là fait de vous une vache à lait.

M. JOURDAIN, *bas, à Oronte.*

Taisez-vous.

DORANTE.

Si cela vous incommode, j'en irai chercher ailleurs

M. JOURDAIN.

Non, monsieur.

ORONTE, *bas, à M. Jourdain.*

Il ne sera pas content qu'il ne vous ait ruiné.

M. JOURDAIN, *bas, à Oronte.*

Taisez-vous, vous dis-je.

DORANTE.

Vous n'avez qu'à me dire si cela vous embarrasse.

M. JOURDAIN.

Point, monsieur.

ORONTE, *bas, à M. Jourdain.*

C'est un vrai enjôleur.

M. JOURDAIN, *bas, à Oronte.*

Taisez-vous donc.

ORONTE, *bas, à M. Jourdain.*

Il vous sucera jusqu'au dernier sou.

M. JOURDAIN, *bas, à Oronte.*

Vous tairez-vous ?

DORANTE.

J'ai force gens qui m'en prêteraient avec joie ; mais, comme vous êtes mon meilleur ami, j'ai cru que je vous ferais tort si j'en demandais à quelque autre.

M. JOURDAIN.

C'est trop d'honneur, monsieur, que vous me faites. Je vais quérir votre affaire.

ORONTE, *bas, à M. Jourdain.*

Quoi! vous allez encore lui donner cela ?

M. JOURDAIN, *bas, à Oronte.*

Que faire? Voulez-vous que je refuse à un homme de cette condition-là, qui a parlé de moi ce matin dans la chambre du roi.

ORONTE, *bas, à M. Jourdain.*

Allez, vous êtes une vraie dupe.

SCÈNE V.
DORANTE, ORONTE, NICOLAS.

DORANTE.

Vous me semblez tout mélancolique ; qu'avez-vous, monsieur Oronte ?

ORONTE.

J'ai la tête plus grosse que le poing, et si elle n'est pas enflée.

DORANTE.

Ne voulez-vous point, un de ces jours, venir voir le ballet et la comédie que l'on fait chez le roi ?

ORONTE.

Oui, vraiment, nous avons fort envie de rire ; fort envie de rire nous avons.

DORANTE.

Je vous prie de m'excuser.

SCÈNE VI.

M. JOURDAIN, ORONTE, DORANTE, NICOLAS.

M. JOURDAIN, *à Dorante*.

Voilà deux cents louis bien comptés.

DORANTE.

Je vous assure, monsieur Jourdain, que je suis tout à vous, et que je brûle de vous rendre un service à la cour.

M. JOURDAIN.

Je vous suis très obligé.

DORANTE.

Si monsieur Oronte veut voir le divertissement royal, je lui ferai donner les meilleures places de la salle.

ORONTE.

Je vous baise les mains.

M. JOURDAIN, *à Dorante*.

Sortons, s'il vous plaît.

SCÈNE VII.

ORONTE, CLÉANTE, COVIELLE.

ORONTE.

Je suis bien aise de vous voir, Cléante, et vous voilà ort à propos. Mon frère vient, prenez vite votre temps pour lui demander Lucile en mariage.

CLÉANTE.

Ah ! monsieur, que cette parole m'est douce, et qu'elle flatte mes désirs.

SCÈNE VIII.

CLÉANTE, M. JOURDAIN, ORONTE, COVIELLE, NICOLAS.

CLÉANTE.

Monsieur, je n'ai voulu prendre personne pour vous faire une demande que je médite il y a longtemps. Elle me touche assez pour m'en charger moi-même ; et, sans autre détour, je vous dirai que l'honneur d'être votre gendre est une faveur glorieuse que je vous prie de m'accorder.

M. JOURDAIN.

Avant que de vous rendre réponse, monsieur, je vous prie de me dire si vous êtes gentilhomme.

CLÉANTE.

Monsieur, la plupart des gens sur cette question n'hésitent pas beaucoup : on tranche le mot aisément. Ce nom ne fait aucun scrupule à prendre ; et l'usage aujourd'hui semble en autoriser le vol. Pour moi, je vous l'avoue, j'ai les sentiments sur cette matière un peu plus délicats. Je trouve que toute imposture est indigne d'un honnête homme, et qu'il y a de la lâcheté à déguiser ce que le ciel nous a fait naître, à se parer aux yeux du monde d'un titre dérobé, à se vouloir donner pour ce qu'on n'est pas. Je suis né de parents, sans doute, qui ont tenu des charges honorables ; je me suis acquis dans les armes l'honneur de six ans de service, et je me trouve assez de bien pour tenir dans le monde un rang assez passable : mais, avec tout cela, je ne veux pas me donner un nom où d'autres en ma place croiraient pouvoir prétendre ; et je vous dirai franchement que je ne suis point gentilhomme.

M. JOURDAIN.

Touchez-la, monsieur, ma fille n'est pas pour vous.

CLÉANTE.

Comment ?

M. JOURDAIN.

Vous n'êtes point gentilhomme, vous n'aurez point ma fille.

ORONTE.

Que voulez-vous dire avec votre gentilhomme ? Est-ce que nous sommes, nous autres, de la côte de saint Louis ?

M. JOURDAIN.

Voilà pas le coup de langue ?

ORONTE.

Et notre père n'était-il pas marchand ?

M. JOURDAIN.

Tout ce que j'ai à vous dire, moi, c'est que je veux avoir un gendre gentilhomme.

ORONTE.

Il faut à votre fille un mari qui lui soit propre ; et il vaut mieux pour elle un honnête homme riche et bien fait, qu'un gentilhomme gueux et mal bâti.

NICOLAS.

Cela est vrai. Nous avons le fils du gentilhomme de notre village qui est le plus grand malitorne et le plus sot dadais que j'aie jamais vu.

M. JOURDAIN, *à Nicolas*.

Taisez-vous, impertinent : vous vous fourrez toujours dans la conversation. J'ai du bien assez pour ma fille, je n'ai besoin que d'honneurs ; et je la veux faire marquise.

ORONTE.

Marquise ?

M. JOURDAIN.

Oui, marquise. Ma fille sera marquise en dépit de tout le monde ; et si vous me mettez en colère, je la ferai duchesse.

SCÈNE IX.
CLÉANTE, COVIELLE.

COVIELLE.

Vous avez fait de belles affaires avec vos beaux sentiments !

CLÉANTE.

Que veux-tu ? j'ai un scrupule là-dessus que l'exemple ne saurait vaincre.

COVIELLE.

Vous moquez-vous de le prendre sérieusement avec un homme comme cela ? Ne voyez-vous pas qu'il est fou ? Et vous coûtait-il quelque chose de vous accommoder à ses chimères ?

CLÉANTE.

Tu as raison; mais je ne croyais pas qu'il fallût faire ses preuves de noblesse pour être gendre de monsieur Jourdain.

COVIELLE, *riant*.

Ah! ah! ah!

CLÉANTE.

De quoi ris-tu?

COVIELLE.

D'une pensée qui me vient pour jouer notre homme, et vous faire obtenir ce que vous souhaitez.

CLÉANTE.

Comment?

COVIELLE.

L'idée est tout à fait plaisante.

CLÉANTE.

Quoi donc?

COVIELLE.

Il s'est fait depuis peu une certaine mascarade qu vient le mieux du monde ici, et que je prétends faire entrer dans une bourde que je veux faire à notre ridicule. Tout cela sent un peu sa comédie : mais avec lui on peut hasarder toute chose, il n'y faut point chercher tant de façons; il est homme à y jouer son rôle à merveille, et à donner aisément dans toutes les fariboles qu'on s'avisera de lui dire. J'ai les acteurs, j'ai les habits tout prêts ; laissez-moi faire seulement.

CLÉANTE.

Mais apprends-moi.....

COVIELLE.
Je vais vous instruire de tout. Retirons-nous; le voici qui revient.

SCÈNE X.

M. JOURDAIN.

Que diable est-ce là? ils n'ont rien que les grands seigneurs à me reprocher; et moi je ne vois rien de si beau que de hanter les grands seigneurs; il n'y a rien qu'honneur et civilité avec eux; et je voudrais qu'il m'eût coûté deux doigts de la main, et être né comte ou marquis.

FIN DU TROISIÈME ACTE

ACTE QUATRIÈME.

SCÈNE I.

M. JOURDAIN, COVIELLE, *déguisé*.

COVIELLE.
Monsieur, je ne sais pas si j'ai l'honneur d'être connu de vous.

M. JOURDAIN.
Non, monsieur.

COVIELLE, *étendant la main à un pied de terre.*

Je vous ai vu que vous n'étiez pas plus grand que cela.

M. JOURDAIN.

Moi ?

COVIELLE.

Oui. Vous étiez le plus bel enfant du monde, et toutes les dames vous prenaient dans leurs bras pour vous baiser.

M. JOURDAIN.

Pour me baiser ?

COVIELLE.

Oui. J'étais grand ami de feu monsieur votre père.

M. JOURDAIN.

De feu monsieur mon père ?

COVIELLE.

Oui. C'était un fort honnête gentilhomme.

M. JOURDAIN.

Comment dites-vous ?

COVIELLE.

Je dis que c'était un fort honnête gentilhomme.

M. JOURDAIN.

Mon père ?

COVIELLE.

Oui.

M. JOURDAIN.

Vous l'avez connu ?

COVIELLE.

Assurément.

M. JOURDAIN.

Et vous l'avez connu pour gentilhomme ?

COVIELLE.

Sans doute.

M. JOURDAIN.
Je ne sais donc pas comment le monde est fait.
COVIELLE.
Comment ?
M. JOURDAIN.
Il y a de sottes gens qui me veulent dire qu'il a été marchand.
COVIELLE.
Lui, marchand ? C'est pure médisance, il ne l'a jamais été. Tout ce qu'il faisait, c'est qu'il était fort obligeant, fort officieux ; et comme il se connaissait fort bien en étoffes, il en allait choisir de tous les côtés, les faisait apporter chez lui, et en donnait à ses amis pour de l'argent.
M. JOURDAIN.
Je suis ravi de vous connaître, afin que vous rendiez ce témoignage-là, que mon père était gentilhomme.
COVIELLE.
Je le soutiendrai devant tout le monde.
M. JOURDAIN.
Vous m'obligerez. Quel sujet vous amène ?
COVIELLE.
Depuis avoir connu feu monsieur votre père, honnête gentilhomme, comme je vous l'ai dit, j'ai voyagé par tout le monde.
M. JOURDAIN.
Par tout le monde ?
COVIELLE.
Oui.

M. JOURDAIN.

Je pense qu'il y a bien loin en ce pays-là.

COVIELLE.

Assurément. Je ne suis revenu de tous mes longs voyages que depuis quatre jours ; et, par l'intérêt que je prends à tout ce qui vous touche, je viens vous annoncer la meilleure nouvelle du monde.

M. JOURDAIN.

Quelle ?

COVIELLE.

Vous savez que le fils du grand Turc est ici ?

M. JOURDAIN.

Moi ? non.

COVIELLE.

Comment ? il a un train tout à fait magnifique ; tout le monde le va voir, et il a été reçu en ce pays comme un seigneur d'importance.

M. JOURDAIN.

Par ma foi, je ne savais pas cela.

COVIELLE.

Ce qu'il y a d'avantageux pour vous, c'est qu'il veut être votre gendre.

M. JOURDAIN.

Mon gendre, le fils du grand Turc ?

COVIELLE.

Le fils du grand Turc votre gendre. Comme je le fus voir, et que j'entends parfaitement sa langue, il s'entretint avec moi ; et après quelques autres discours, il me dit : *Acciam cros soler ouch alla moustaphgidelum amanahem varaoini aussree carbulath.* C'est-à-dire : N'as-tu point vu une jeune belle personne, qui est la fille de monsieur Jourdain, gentilhomme parisien ?

M. JOURDAIN.

Le fils du grand Turc a dit cela de moi ?

COVIELLE.

Oui. Comme je lui eus dit que je vous connaissais particulièrement, et que j'avais vu votre fille : *ah !* me dit-il, *marababa sahem !* C'est-à-dire : ah ! qu'elle me plaît !

M. JOURDAIN.

Marababa sahem veut dire : ah ! qu'elle me plaît ?

COVIELLE.

Oui.

M. JOURDAIN.

Par ma foi, vous faites bien de me le dire, car pour moi, je ne l'aurais jamais cru. Voilà une langue admirable que ce turc !

COVIELLE.

Plus admirable qu'on ne peut croire. Savez-vous bien ce que veut dire *cacaracamouchen ?*

M. JOURDAIN.

Cacaracamouchen ? non.

COVIELLE.

C'est-à-dire, ma chère âme.

M. JOURDAIN.

Cacaracamouchen veut dire ma chère âme ?

COVIELLE.

Oui.

M. JOURDAIN.

Voilà qui est merveilleux ! *Cacaracamouchen*, ma chère âme ! Dirait-on jamais cela ? Voilà qui me confond.

COVIELLE.

Enfin, pour achever mon ambassade, il vient vous demander votre fille en mariage ; et pour avoir un beau-père qui soit digne de lui, il veut vous faire *mamamouchi*, qui est une certaine grande dignité de son pays.

M. JOURDAIN.

Mamamouchi ?

COVIELLE.

Oui, *mamamouchi* : c'est-à-dire, en notre langue, paladin. Paladin, ce sont de ces anciens... Paladin, enfin. Il n'y a rien de plus noble que cela dans le monde ; et vous irez de pair avec les plus grands seigneurs de la terre.

M. JOURDAIN.

Le fils du grand Turc m'honore beaucoup ; et je vous prie de me mener chez lui pour lui en faire mes remercîments.

COVIELLE.

Comment ! le voilà qui va venir ici.

M. JOURDAIN.

Il va venir ici ?

COVIELLE.

Oui ; et il amène toutes choses pour la cérémonie de votre dignité.

M. JOURDAIN.

Voilà qui est bien prompt.

COVIELLE.
Son amour ne peut souffrir aucun retardement.

M. JOURDAIN.
Tout ce qui m'embarrasse ici, c'est que ma fille est une opiniâtre qui s'est allé mettre dans la tête un certain Cléante; et elle jure de n'épouser personne que celui-là.

COVIELLE.
Elle changera de sentiment, quand elle verra le fils du grand Turc; et puis il se rencontre ici une aventure merveilleuse, c'est que le fils du grand Turc ressemble à ce Cléante, à peu de chose près. Je viens de le voir, on me l'a montré, je l'entends venir; le voilà.

SCÈNE II.

CLÉANTE, *en Turc*; TROIS PAGES, *portant la veste de Cléante*, M. JOURDAIN, COVIELLE.

CLÉANTE.
Ambousahim oqui boraf, Giourdina, salamaléqui!

COVIELLE, *à M. Jourdain.*
C'est-à-dire : Monsieur Jourdain, votre cœur soit toute l'année comme un rosier fleuri! Ce sont façons de parler obligeantes de ce pays-là.

M. JOURDAIN.
Je suis très humble serviteur de son altesse turque.

COVIELLE.
Carigar comboto oustin moraf.

CLÉANTE.

Oustin yoc catamaléqui basum base alla moram!

COVIELLE.

Il dit : Que le ciel vous donne la force des lions et la prudence des serpents!

M. JOURDAIN.

Son altesse turque m'honore trop, et je lui souhaite toutes sortes de prospérités.

COVIELLE.

Ossa binanem sadoc baballi oracaf ouram.

CLÉANTE.

Bel-men.

COVIELLE.

Il dit que vous alliez vite avec lui vous préparer pour la cérémonie, afin de voir ensuite votre fille, et de conclure le mariage.

M. JOURDAIN.

Tant de choses en deux mots?

COVIELLE.

Oui. La langue turque est comme cela, elle dit beaucoup en peu de paroles. Allez vite où il souhaite.

SCÈNE III.

COVIELLE.

Ah! ah! ah! ma foi, cela est tout à fait drôle. Quelle dupe! Quand il aurait appris son rôle par cœur, il ne pourrait pas le mieux jouer. Ah! ah!

SCÈNE IV.

DORANTE, COVIELLE.

COVIELLE.

Je vous prie, monsieur, de nous vouloir aider céans dans une affaire qui s'y passe.

DORANTE.

Ah! ah! Covielle, qui t'aurait reconnu? Comme te voilà ajusté!

COVIELLE.

Vous voyez. Ah! ah! ah!

DORANTE.

De quoi ris-tu?

COVIELLE.

D'une chose, monsieur, qui le mérite bien.

DORANTE.

Comment?

COVIELLE.

Je vous le donnerais en bien des fois, monsieur, à deviner le stratagème dont nous nous servons auprès de M. Jourdain, pour porter son esprit à donner sa fille à mon maître.

DORANTE.

Je ne devine point le stratagème, mais je devine qu'il ne manquera pas de faire son effet puisque tu l'entreprends.

COVIELLE.

Je sais, monsieur, que la bête vous est connue.

DORANTE.

Apprends-moi ce que c'est.

COVIELLE.

Prenez la peine de vous tirer un peu plus loin, pour faire place à ce que j'aperçois venir. Vous pourrez voir une partie de l'histoire, tandis que je vous conterai le reste. (*Ici commence une cérémonie bizarre, où des personnages déguisés en turcs, et baragouinant des mots étranges, viennent revêtir M. Jourdain d'un immense caftan, et le coiffent d'un énorme turban.*)

FIN DU QUATRIÈME ACTE.

ACTE CINQUIÈME.

SCÈNE I.

M. JOURDAIN, ORONTE.

ORONTE.

Ah! mon dieu! miséricorde! Qu'est-ce que c'est donc que cela? quelle figure! Est-ce un momon que vous allez porter? Est-il temps d'aller en masque? Parlez donc, et qu'est-ce que c'est que ceci? Qui vous a fagoté comme cela?

M. JOURDAIN.

Voyez l'impertinent, de parler de la sorte à un *mamamouchi*.

ORONTE.

Comment donc ?

M. JOURDAIN.

Oui, il me faut porter du respect maintenant, et l'on vient de me faire *mamamouchi*.

ORONTE.

Que voulez vous dire avec votre *mamamouchi* ?

M. JOURDAIN.

Mamamouchi, vous dis-je. Je suis *mamamouchi*.

ORONTE.

Quelle bête est-ce là ?

M. JOURDAIN.

Mamamouchi, c'est-à-dire en notre langue *paladin*.

ORONTE.

Baladin ? êtes-vous en âge de danser des ballets ?

M. JOURDAIN.

Quel ignorant ! je dis paladin ; c'est une dignité dont on vient de me faire la cérémonie.

ORONTE.

Quelle cérémonie donc ?

M. JOURDAIN.

Mahométa per Giourdina.

ORONTE.

Qu'est-ce que cela veut dire ?

M. JOURDAIN.

Giourdina, c'est-à-dire Jourdain.

COMÉDIES ARRANGÉES.

ORONTE.

Hé bien, quoi, Jourdain ?

M. JOURDAIN.

Voler far un paladina dé Giourdina.

ORONTE.

Comment ?

M. JOURDAIN.

Dar turbante con galéra.

ORONTE.

Qu'est-ce à dire cela ?

M. JOURDAIN.

Per défender Palestina.

ORONTE.

Que voulez-vous donc dire ?

M. JOURDAIN.

Dara, dara, bastonnara.

ORONTE.

Qu'est-ce donc que ce jargon-là ?

M. JOURDAIN.

Non tener honta, questa star l'ultima affronta.

ORONTE.

Qu'est-ce donc que tout cela ?

M. JOURDAIN, *chantant et dansant*.

Hou la ba, ba la chou, ba la ba, ba la da.

(*Il tombe par terre.*)

ORONTE.

Hélas ! mon dieu ! mon frère est devenu fou.

M. JOURDAIN, *se relevant et s'en allant*.

Paix ! Portez respect à monsieur le *mamamouchi*.

ORONTE.

Où est-ce donc qu'il a perdu l'esprit? Courons l'empêcher de sortir.

SCÈNE II.

DORANTE.

Je ne crois pas que, dans tout le monde, il soit possible de trouver encore un homme aussi fou que celui-là. Il faut tâcher de servir Cléante et d'appuyer toute sa mascarade. C'est un fort galant homme et qui mérite qu'on s'intéresse pour lui.

SCÈNE III.

M. JOURDAIN, DORANTE.

DORANTE.

Monsieur, je viens rendre hommage à votre nouvelle dignité, et me réjouir avec vous du mariage que vous faites de votre fille avec le fils du grand Turc.

M. JOURDAIN, *après avoir fait des révérences à la turque.*

Monsieur, je vous souhaite la force des serpents et la prudence des lions.

DORANTE.

J'ai été bien aise d'être des premiers, monsieur, à vous féliciter du haut degré de gloire où vous êtes monté.

M. JOURDAIN.

Monsieur, je vous souhaite toute l'année votre rosier

fleuri. Je vous suis infiniment obligé de prendre part aux honneurs qui m'arrivent.

DORANTE.

Où est donc son altesse turque? Je voudrais bien, comme votre ami, lui rendre mes devoirs.

M. JOURDAIN.

Le voilà qui vient.

SCÈNE IV.

M. JOURDAIN, DORANTE, CLÉANTE, *habillé en turc.*

DORANTE, *à Cléante.*

Monsieur, nous venons faire la révérence à votre altesse comme ami de monsieur votre beau-père, et l'assurer, avec nos respects, de nos très humbles services.

M. JOURDAIN.

Où est le truchement pour lui dire qui vous êtes, et lui faire entendre ce que vous dites ? Vous verrez qu'il vous répondra, et il parle turc à merveille. Holà! où diantre est-il allé ? (*à Cléante*) *Strouf, strif, strof, straf :* monsieur est un *grande segnore, grande segnore, grande segnore.* Monsieur lui *mamamouchi* français. Je ne puis parler plus clairement. Bon, voici l'interprète.

SCÈNE V.

M. JOURDAIN, DORANTE, CLÉANTE, *habillé en turc*; COVIELLE, *déguisé.*

M. JOURDAIN.

Où allez-vous donc ? nous ne saurions rien dire sans vous. *(montrant Cléante.)* Dites-lui un peu que monsieur est une personne de grande qualité, qui lui vient faire la révérence comme mon ami, et l'assurer de ses services. *(à Dorante.)* Vous allez voir comme il va répondre.

COVIELLE.

Alabala crociam acci boram alabamen.

CLÉANTE.

Cataléqui taba lourin soter amaloucham !

M. JOURDAIN, *à Dorante.*

Voyez-vous ?

COVIELLE.

Il dit : Que la pluie des prospérités arrose en tout temps le jardin de votre famille.

M. JOURDAIN.

Je vous l'avais bien dit qu'il parle turc.

DORANTE.

Cela est admirable.

SCÈNE VI.
ORONTE, CLÉANTE, M. JOURDAIN, DORANTE, COVIELLE.

ORONTE.

Comment donc! qu'est-ce que c'est que ceci? On dit que vous voulez donner votre fille en mariage à un carême-prenant.

M. JOURDAIN.

Voulez-vous vous taire? Vous venez toujours mêler vos extravagances à toutes choses, et il n'y a pas moyen de vous apprendre à être raisonnable.

ORONTE.

C'est vous qu'il n'y a pas moyen de rendre sage, et vous allez de folie en folie. Quel est votre dessein? et que voulez-vous faire avec cet assemblage?

M. JOURDAIN.

Je veux marier ma fille avec le fils du grand Turc.

ORONTE.

Avec le fils du grand Turc?

M. JOURDAIN.

Oui. (*montrant Cléante.*) Faites-lui faire vos compliments par le truchement que voilà.

ORONTE.

Je n'ai que faire du truchement.

DORANTE.

Votre nièce consent aux volontés de son père.

ORONTE.

Ma nièce consent à épouser un Turc!

M. JOURDAIN.

Sans doute. Que ne fait-on pas pour être grande dame.

COVIELLE, *à Oronte.*

Monsieur.

ORONTE.

Que me voulez-vous conter, vous?

COVIELLE.

Un mot.

ORONTE.

Je n'ai que faire de votre mot.

M. JOURDAIN, *à Oronte.*

Ecoutez-le.

ORONTE.

Non, je ne veux pas l'écouter.

M. JOURDAIN.

Il vous dira...

ORONTE.

Je ne veux point qu'il me dise rien.

M. JOURDAIN.

Voilà une grande obstination ! Cela vous ferait-il mal de l'entendre ?

COVIELLE.

Ne faites que m'écouter.

ORONTE.

Hé bien, quoi ?

COVIELLE, *bas, à Oronte.*

Il y a une heure que nous vous faisons signe Ne voyez-vous pas bien que tout ceci n'est fait que pour nous ajuster aux visions de votre frère, que nous l'abusons sous ce déguisement, et que c'est Cléante lui-même qui est le fils du grand Turc ?

ORONTE, *bas, à Covielle*.

Ah ! ah !

COVIELLE, *bas, à Oronte*.

Et moi, Covielle, qui suis le truchement. Ne faites semblant de rien.

ORONTE.

Oui, voilà qui est fait : j'approuve le mariage.

M. JOURDAIN.

Ah ! voilà tout le monde raisonnable. (*A Oronte.*) Vous ne vouliez pas l'écouter. Je savais bien qu'il vous expliquerait ce que c'est que le fils du grand Turc.

ORONTE.

Il me l'a expliqué comme il faut ; et j'en suis satisfait. Envoyons quérir le notaire.

M. JOURDAIN.

Qu'on aille quérir le notaire.

COVIELLE.

Si l'on peut en voir un plus fou, je l'irai dire à Rome.

FIN DU BOURGEOIS GENTILHOMME.

LE MALADE IMAGINAIRE

COMÉDIE EN TROIS ACTES & INTERMÈDE
PAR MOLIÈRE.

PERSONNAGES

ARGAN, malade imaginaire.
DAMIS, neveu d'Argan.
ARISTE, autre neveu d'Argan.
BÉRALDE, frère d'Argan.
MONSIEUR DIAFOIRUS, médecin.
THOMAS DIAFOIRUS, fils de M. Diafoirus.
MONSIEUR PURGON, médecin.
MONSIEUR FLEURANT, apothicaire.
ANTOINE, valet d'Argan.

ACTE PREMIER

Le théâtre représente la chambre d'Argan.

SCÈNE I.

ARGAN, *assis, ayant une table devant lui, comptant avec des jetons les parties de son apothicaire.*

Trois et deux font cinq, et cinq font dix, et dix font vingt. Trois et deux font cinq. *Plus ; du vingt-qua-*

trième, *un petit clystère insinuatif, préparatif et rémollient, pour amollir, humecter et rafraîchir les entrailles de monsieur...* Ce qui me plaît de M. Fleurant, mon apothicaire, c'est que ses parties sont toujours fort civiles. *Les entrailles de monsieur, trente sous.* Oui : mais, monsieur Fleurant, ce n'est pas tout que d'être civil, il faut être aussi raisonnable et ne pas écorcher les malades. Trente sous un lavement! Je suis votre serviteur, je vous l'ai déjà dit, vous ne me les avez mis dans les autres parties qu'à vingt sous, et vingt sous en langage d'apothicaire, c'est-à-dire dix sous. Les voilà, dix sous *Plus, dudit jour, un bon clystère détersif, composé avec catholicon double, rhubarbe, miel rosat, et autres, suivant l'ordonnance, pour balayer, laver et nettoyer le bas ventre de monsieur, trente sous.* Avec votre permission, dix sous. *Plus, dudit jour, le soir, un julep hépathique, soporatif, somnifère, composé pour faire dormir monsieur, trente-cinq sous.* Je ne me plains pas de celui-là, car il me fit bien dormir. Dix, quinze, seize et dix-sept sous six deniers. *Plus, du vingt-cinquième, une bonne médecine purgative et corroborative, composée de casse récente avec séné levantin, et autres, suivant l'ordonnance de M. Purgon, pour expulser et évacuer la bile de monsieur, quatre livres.* Ah! monsieur

Fleurant, c'est se moquer; il faut vivre avec les malades. Monsieur Purgon ne vous a pas ordonné de mettre quatre francs : mettez, mettez trois livres, s'il vous plaît. Vingt et trente sous. *Plus, dudit jour, une potion anodine et astringente, pour faire reposer monsieur, trente sous.* Bon, dix, et quinze sous. *Plus, du vingt-sixième, un clystère carminatif, pour chasser les vents de monsieur, trente sous.* Dix sous, monsieur Fleurant. *Plus le clystère de monsieur, réitéré le soir, comme dessus, trente sous.* Monsieur Fleurant, dix sous. *Plus, du vingt-septième, une bonne médecine, composée pour hâter d'aller, et chasser dehors les mauvaises humeurs de monsieur, trois livres.* Bon, vingt et trente sous, je suis bien aise que vous soyez raisonnable. *Plus, du vingt-huitième, une prise de petit lait clarifié et édulcoré, pour adoucir, lénifier, tempérer et rafraîchir le sang de monsieur, vingt sous.* Bon, dix sous. *Plus une potion cordiale et préservatrice, composée avec douze grains de bézoard, sirop de limon et grenade, et autres, suivant l'ordonnance, cinq livres.* Ah! monsieur Fleurant, tout doux, s'il vous plaît : si vous en usez comme cela, on ne voudra plus être malade : contentez-vous de quatre francs. Et vingt et quarante sous. Trois et deux font cinq, et cinq font dix, et dix font vingt. Soixante et trois livres quatre sous six deniers. Si bien donc que, de ce mois, j'ai pris une, deux, trois, quatre, cinq, six, sept, huit médecines ; et un, deux, trois, quatre, cinq, six, sept, huit, neuf, dix, onze et douze lavements ; et l'autre mois il y avait douze médecines et vingt lavements. Je ne m'étonne pas, si je ne me porte pas si bien ce mois-ci que l'autre. Je le dirai à monsieur Purgon, afin qu'il mette ordre à cela. Allons, qu'on m'ôte tout ceci. *(voyant que personne ne vient, et qu'il n'y a aucun de ses gens dans sa chambre.)* Il n'y a personne? J'ai beau dire, on me laisse toujours seul ; il n'y a pas moyen de les arrêter ici. *(après avoir sonné une sonnette qui est sur la table.)* Ils n'entendent point, et ma sonnette ne fait pas assez de bruit. *(après avoir sonné pour la deuxième fois.)* Point d'affaire. *(après avoir sonné encore.)* Ils sont sourds. Antoine ! *(après avoir fait le plus de bruit qu'il peut avec sa sonnette.)* Tout comme si je ne sonnais point. Chien ! coquin ! *(voyant qu'il sonne encore inutilement.)* J'enrage. Drelin, drelin, drelin. Coquin, à tous les diables ! Est-il possible qu'on laisse comme cela un pauvre malade tout seul? Drelin, drelin, drelin. Voilà qui est pitoyable ! Drelin, drelin, drelin. Ah ! mon dieu ! Ils me laisseront mourir. Drelin, drelin, drelin.

SCÈNE II.

ARGAN, ANTOINE.

ANTOINE, *en entrant.*

On y va.

ARGAN.

Ah! chien! ah! coquin.

ANTOINE, *faisant semblant de s'être cogné la tête.*

Diantre soit de votre impatience! vous pressez si fort les personnes, que je me suis donné un grand coup à la tête contre la carne d'un volet.

ARGAN, *en colère.*

Ah! traître.

ANTOINE, *interrompant Argan.*

Ah!

ARGAN.

Il y a...

ANTOINE.

Ah!

ARGAN.

Il y a une heure...

ANTOINE.

Ah!

ARGAN.

Tu m'as laissé...

ANTOINE.

Ah!

ARGAN.

Tais-toi donc, coquin, que je te querelle.

ANTOINE.

Çà-mon, ma foi, j'en suis d'avis, après ce que je me suis fait.

ARGAN.

Tu m'as fait égosiller, coquin.

ANTOINE.

Et vous m'avez fait, vous, casser la tête. L'un vaut bien l'autre : quitte à quitte, si vous voulez.

ARGAN.

Quoi ! pendard...

ANTOINE.

Si vous querellez, je pleurerai.

ARGAN.

Me laisser, traître !

ANTOINE, *interrompant encore Argan.*

Ah !

ARGAN.

Chien, tu veux...

ANTOINE.

Ah !

ARGAN.

Quoi ! il faudra encore que je n'aie pas le plaisir de te quereller !

ANTOINE.

Querellez tout votre soûl, je le veux bien.

ARGAN.

Tu m'en empêches, chien, en m'interrompant à tout coup.

ANTOINE.

Si vous avez le plaisir de quereller, il faut bien que

de mon côté j'aie le plaisir de pleurer : chacun le sien, ce n'est pas trop tôt. Ah !

ARGAN.

Allons, il faut en passer par là. Ote-moi ceci, coquin, ôte-moi ceci. *(Après s'être levé.)* Mon lavement d'aujourd'hui a-t-il bien opéré ?

ANTOINE.

Votre lavement ?

ARGAN.

Oui. Ai-je bien fait de la bile ?

ANTOINE.

Ma foi, je ne me mêle point de ces affaires-là. C'est à monsieur Fleurant à y mettre le nez, puisque il en a le profit.

ARGAN.

Qu'on ait soin de me tenir un bouillon prêt pour l'autre que je dois tantôt prendre.

ANTOINE.

Ce monsieur Fleurant-là et ce monsieur Purgon s'égaient bien sur votre corps : ils ont en vous une vache à lait : et je voudrais bien leur demander quel mal vous avez pour faire tant de remèdes.

ARGAN.

Taisez-vous, ignorant ; ce n'est pas à vous à contrôler les ordonnances de la médecine. Qu'on me fasse venir mon neveu Ariste ; j'ai à lui dire quelque chose.

ANTOINE.

Le voici qui vient de lui-même : il a deviné votre pensée.

SCÈNE III.

ARGAN, ARISTE, ANTOINE.

ARGAN.

Approchez, Ariste, vous venez à propos; je voulais vous parler.

ARISTE.

Me voilà prêt à vous obéir.

ARGAN.

Attendez. (*A Antoine.*) Donnez-moi un bâton, je vais revenir tout à l'heure.

ANTOINE.

Allez vite, monsieur, allez. Monsieur Fleurant nous donne des affaires.

SCÈNE IV.

ANTOINE, ARISTE.

ARISTE.

Antoine, sais-tu ce que mon oncle a à me dire?

ANTOINE.

Tenez, le voilà qui revient.

SCÈNE V.

ARGAN, ARISTE, ANTOINE.

ARGAN.

Or çà, mon neveu, je vais vous dire une nouvelle, où peut-être vous ne vous attendez pas. On demande votre sœur Angélique en mariage. Votre cousin Damis me conseillait de la faire religieuse.

ANTOINE, *à part*.

La bonne bête a ses raisons.

ARGAN.

Ma parole est donnée. Je n'ai point encore vu la personne, mais on m'a dit que j'en serais content et vous aussi.

ARISTE.

Dites-moi qui c'est.

ARGAN.

Hé bien ! c'est le neveu de monsieur Purgon, qui est le fils de son beau-frère le médecin, monsieur Diafoirus ; et ce fils s'appelle Thomas Diafoirus. Nous avons conclu ce mariage-là ce matin, monsieur Purgon, monsieur Fleurant, et moi ; et demain ce neveu prétendu me doit être amené par son père... Qu'est-ce ? vous voilà tout ébahi.

ANTOINE.

Quoi ! monsieur, vous auriez fait ce dessein burlesque ? et, avec tout le bien que vous avez, vous voudriez marier votre fille avec un médecin ?

ARGAN.

Oui. De quoi te mêles-tu, coquin, impudent que tu es ?

ANTOINE.

Mon dieu ! tout doux. Vous allez d'abord aux invectives. Est-ce que nous ne pouvons pas raisonner ensemble sans nous emporter ? Là, parlons de sang-froid. Quelle est votre raison, s'il vous plaît, pour un tel mariage ?

ARGAN.

Ma raison est que, me voyant infirme et malade comme je suis, je veux me faire un neveu et des alliés médecins, afin de m'appuyer de bon secours contre ma maladie, d'avoir dans ma famille les sources des remèdes qui me sont nécessaires, et d'être à même des consultations et des ordonnances.

ANTOINE.

Hé bien ! voilà dire une raison ; et il y a plaisir à se répondre doucement les uns les autres. Mais, monsieur, mettez la main sur la conscience, est-ce que vous êtes malade ?

ARGAN.

Comment, coquin ! si je suis malade ! Si je suis malade, impudent !

ANTOINE.

Hé bien ! oui, monsieur, vous êtes malade, n'ayons point de querelle là-dessus. Oui, vous êtes fort malade, j'en demeure d'accord, et plus malade que vous ne pensez ; voilà qui est fait. Mais votre nièce doit épouser un mari pour elle, et, n'étant point malade, il n'est pas nécessaire de lui donner un médecin.

ARGAN.

C'est pour moi que je lui donne ce médecin ; et une

nièce de bon naturel doit être ravie d'épouser ce qui est utile à la santé de son oncle.
ANTOINE.
Ma foi, monsieur, voulez-vous qu'en ami je vous donne un conseil ?
ARGAN.
Quel est-il ce conseil ?
ANTOINE.
De ne point songer à ce mariage-là.
ARGAN.
Et la raison ?
ANTOINE.
La raison, c'est que votre nièce n'y consentira point.
ARGAN.
Elle n'y consentira point ?
ANTOINE.
Non.
ARGAN.
Ma nièce ?
ANTOINE.
Votre nièce. Elle vous dira qu'elle n'a que faire de monsieur Diafoirus, ni de son fils Thomas Diafoirus, ni de tous les Diafoirus du monde.
ARGAN.
J'en ai affaire, moi, outre que le parti est plus avantageux qu'on ne pense : monsieur Diafoirus n'a que ce fils-là pour tout héritier ; et, de plus, monsieur Purgon, qui n'a ni femme ni enfants, lui donne tout son bien en faveur de ce mariage ; et monsieur Purgon est un homme qui a huit mille livres de rente.

ANTOINE.
Il faut qu'il ait tué bien des gens pour s'être fait si riche.
ARGAN.
Huit mille livres de rente sont quelque chose, sans compter le bien du père.
ANTOINE.
Monsieur tout cela est bel et bon ; mais j'en reviens toujours là ; je vous conseille, entre nous, de lui choisir un autre mari ; elle n'est point faite pour être madame Diafoirus.
ARGAN.
Et je veux, moi, que cela soit.
ANTOINE.
Hé ! fi ! ne dites pas cela.
ARGAN.
Comment ! que je ne dise pas cela ?
ANTOINE.
Hé ! non.
ARGAN.
Et pourquoi ne le dirais-je pas ?
ANTOINE.
On dira que vous ne songez pas à ce que vous dites.
ARGAN.
On dira ce qu'on voudra ; mais je vous dis que je veux qu'elle exécute la parole que j'ai donnée.
ANTOINE.
Non, je suis sûr qu'elle ne le fera pas.

ARGAN.

Je l'y forcerai bien.

ANTOINE.

Elle ne le fera pas, vous dis-je.

ARGAN.

Elle le fera, ou je la mettrai dans un couvent.

ANTOINE.

Vous ?

ARGAN.

Moi.

ANTOINE.

Bon !

ARGAN.

Comment bon ?

ANTOINE.

Vous ne la mettrez point dans un couvent.

ARGAN.

Je ne la mettrai point dans un couvent ?

ANTOINE.

Non.

ARGAN.

Non ?

ANTOINE.

Non.

ARGAN.

Ouais, voici qui est plaisant. Je ne mettrai pas ma nièce dans un couvent, si je veux ?

ANTOINE.

Non, vous dis-je.

ARGAN.

Qui m'en empêchera !

ANTOINE.

Vous-même.

ARGAN.

Moi?

ANTOINE.

Oui, vous n'aurez pas ce cœur-là.

ARGAN.

Je l'aurai.

ANTOINE.

Vous vous moquez.

ARGAN.

Je ne me moque point.

ANTOINE.

La tendresse d'un bon oncle vous prendra.

ARGAN.

Elle ne me prendra point.

ANTOINE.

Une petite larme ou deux; des bras jetés au cou; un Mon petit oncle mignon, prononcé tendrement, sera assez pour vous toucher.

ARGAN.

Tout cela ne fera rien.

ANTOINE.

Oui, oui.

ARGAN.

Je vous dis que je n'en démordrai point.

ANTOINE.

Bagatelles.

ARGAN.

Il ne faut point dire, Bagatelles.

ANTOINE.

Mon dieu! je vous connais, vous êtes bon naturellement.

ARGAN, *avec emportement.*

Je ne suis point bon, et je suis méchant quand je veux.

ANTOINE.

Doucement, monsieur ; vous ne songez pas que vous êtes malade.

ARGAN.

Je lui commande absolument de se préparer à prendre le mari que je dis.

ANTOINE.

Et moi, je lui défends absolument d'en faire rien.

ARGAN.

Où est-ce donc que nous en sommes ? Et quelle audace est-ce là à un coquin de valet de parler de la sorte devant son maître ?

ANTOINE.

Quand un maître ne songe pas à ce qu'il fait, un valet bien sensé est en droit de le redresser.

ARGAN, *courant après Antoine.*

Ah ! insolent, il faut que je t'assomme.

ANTOINE, *évitant Argan et mettant la chaise entr'eux.*

Il est de mon devoir de m'opposer aux choses qui vous peuvent déshonorer.

ARGAN, *courant après Antoine autour de la chaise avec son bâton.*

Viens, viens, que je t'apprenne à parler.

ANTOINE, *se sauvant du côté où n'est point Argan.*

Je m'intéresse, comme je dois, à ne vous point laisser faire de folie.

ARGAN, *de même.*

Chien !

ANTOINE, *de même.*

Non, je ne consentirai jamais à ce mariage.

ARGAN, *de même.*

Pendard !

ANTOINE, *de même.*

Je ne veux point qu'elle épouse votre Thomas Diafoirus.

ARGAN, *de même.*

Coquin !

ANTOINE, *de même.*

Elle m'obéira plutôt qu'à vous.

ARGAN, *s'arrêtant.*

Ariste, tu ne veux point m'arrêter ce coquin-là ?

ARISTE.

Hé ! mon oncle, ne vous faites point malade.

ARGAN, *à Ariste.*

Si tu ne me l'arrêtes, je te donnerai ma malédiction.

ANTOINE, *s'en allant.*

Et moi je le déshériterai, s'il vous obéit.

ARGAN, *se jetant dans sa chaise.*

Ah ! ah ! je n'en puis plus. Voilà pour me faire mourir.

SCÈNE VI.

DAMIS, ARGAN.

DAMIS

Qu'avez-vous, mon pauvre oncle ?

ARGAN.

Venez-vous-en ici à mon secours.

DAMIS.

Qu'est-ce donc qu'il y a, mon bon oncle ?

ARGAN.

Mon ami, on vient de me mettre en colère.

DAMIS.

Hélas ! mon bon cher oncle ! comment donc ?

ARGAN.

Ce coquin d'Antoine est devenu plus insolent que jamais.

DAMIS.

Ne vous passionnez donc point.

ARGAN.

Il m'a fait enrager, mon ami.

DAMIS.

Doucement, mon oncle.

ARGAN.

Il a contrecarré une heure durant toutes les choses que je veux faire.

DAMIS.

Là ! là ! tout doux.

ARGAN.

Il a eu l'effronterie de me dire que je ne suis point malade.

DAMIS.

C'est un impertinent.

ARGAN.

Vous savez, mon cher, ce qu'il en est.

DAMIS.

Oui, mon cher oncle, il a tort.

ARGAN.

Mon ami, ce coquin-là me fera mourir.

DAMIS.

Hé ! là ! hé ! là !

ARGAN.

Il est cause de toute la bile que je fais.

DAMIS.

Ne vous fâchez point tant.

ARGAN.

Et il y a je ne sais combien que je vous dis de me le chasser.

DAMIS.

Mon dieu, mon oncle, il n'y a point de serviteurs et de servantes qui n'aient leurs défauts. On est contraint parfois de souffrir leurs mauvaises qualités à cause des bonnes. Celui-ci est adroit, soigneux, diligent, et surtout fidèle ; et vous savez qu'il faut maintenant de grandes précautions pour les gens que l'on prend. Holà, Antoine.

SCÈNE VII.

ARGAN, DAMIS, ANTOINE.

ANTOINE.

Monsieur.

DAMIS.

Pourquoi donc est-ce que vous mettez mon oncle en colère ?

ANTOINE, *d'un ton doucereux.*

Moi, monsieur ? hélas ! je ne sais pas ce que vous me voulez dire, et je ne songe qu'à complaire à monsieur en toutes choses.

ARGAN.

Ah ! le traître !

ANTOINE.

Il nous a dit qu'il voulait donner sa nièce en mariage au fils de monsieur Diafoirus. Je lui ai répondu que je trouvais le parti avantageux pour elle, mais que je croyais qu'il ferait mieux de la mettre dans un couvent.

DAMIS.

Il n'y a pas grand mal à cela, et je trouve qu'il a raison.

ARGAN.

Ah ! mon cher, vous le croyez ! C'est un scélérat, il m'a dit cent insolences.

DAMIS.

Hé bien, je vous crois, mon oncle. Là, remettez-vous. Ecoutez, Antoine, si vous fâchez jamais mon oncle, on vous mettra dehors. Ça, donnez-moi son manteau fourré et ses oreillers, que je l'accommode dans sa chaise. Vous voilà je ne sais comment. Enfoncez bien votre bonnet jusque sur vos oreilles ; il n'y a rien qui enrhume tant de prendre l'air par les oreilles.

ARGAN.

Ah ! mon ami, que je vous suis obligé de tous les soins que vous prenez de moi.

DAMIS, *accommodant les oreillers qu'il met autour d'Argan.*

Levez-vous, que je mette ceci sous vous. Mettons celui-ci pour vous appuyer, et celui-là de l'autre côté. Mettons celui-ci derrière votre dos, et cet autre-là pour soutenir votre tête.

ANTOINE, *lui mettant rudement un oreiller sur la tête.*

Et celui-ci pour vous garder du serein.

ARGAN, *se levant en colère, et jetant les oreillers à Antoine qui s'enfuit.*

Ah ! coquin, tu veux m'étouffer.

SCÈNE VIII.
ARGAN, DAMIS.

DAMIS.

Hé ! là ! hé ! là ! Qu'est-ce que c'est donc ?

ARGAN, *se jetant dans sa chaise.*

Ah ! ah ! ah ! je n'en puis plus.

DAMIS.

Pourquoi vous emporter ainsi ? il a cru faire bien.

ARGAN.

Vous ne connaissez pas la malice de ce pendard. Ah! il m'a mis tout hors de moi ; et il faudra plus de huit médecines et de douze lavements pour réparer tout ceci.

DAMIS.

Là ! là ! mon cher oncle, apaisez-vous un peu.

ARGAN.

Mon bon neveu, vous êtes toute ma consolation.

DAMIS.

Mon pauvre oncle !

ARGAN.

Pour tâcher de reconnaître l'amour que vous me portez, je veux, comme je vous ai dit, faire mon testament.

DAMIS.

Ah ! mon oncle, ne parlons pas de cela, je vous prie : je ne saurais souffrir cette pensée, et le seul mot de testament me fait tressaillir de douleur.

ARGAN.

Je vous avais dit de parler pour cela au notaire.

DAMIS.

Le voilà là-dedans, je l'ai amené avec moi.

ARGAN.

Je vais donc faire mon testament ; mais, par précaution, je vais vous mettre entre les mains vingt mille francs en or, que j'ai dans le lambris de mon alcôve, et deux billets payables au porteur, qui me sont dus, l'un par M. Damon, et l'autre par M. Gérante.

DAMIS.

Non, non, je ne veux point de tout cela. Si je suis assez malheureux pour vous perdre...

ARGAN.

Mon cher neveu !

DAMIS.

La vie ne me sera plus rien. Ah !... Combien dites-vous qu'il y a dans votre alcôve ?

ARGAN.

Vingt mille francs.

DAMIS.

Ne me parlez point de bien, je vous prie. Ah!
De combien sont les deux billets ?

ARGAN.

Ils sont l'un de quatre mille francs, et l'autre de

DAMIS.

Tous les biens du monde ne me sont rien au prix
vous.

ARGAN.

Nous serons mieux dans mon petit cabinet pour p
céder au testament. Damis, conduisez-moi, je vous p

DAMIS.

Allons, mon pauvre cher oncle.

FIN DU PREMIER ACTE.

ACTE SECOND.

SCÈNE I.

ARGAN, ANTOINE.

ARGAN, *se croyant seul.*

Monsieur Purgon m'a dit de me promener le ma
dans ma chambre douze allées et douze venues; m
j'ai oublié de lui demander si c'est en long ou en lar

ANTOINE.

Monsieur, voilà des...

LE MALADE IMAGINAIRE. 195

ARGAN.

Parle bas, pendard ! tu viens m'ébranler tout le cerveau, et tu ne songes pas qu'il ne faut point parler si
haut à un malade.

ANTOINE.

Je voulais vous dire, monsieur...

ARGAN.

Parle bas, te dis-je.

ANTOINE.

Monsieur... *(il fait semblant de parler.)*

ARGAN.

Hé ?

ANTOINE.

Je vous dis que... *(il fait encore semblant de parler.)*

ARGAN.

Qu'est-ce que tu dis ?

ANTOINE, *haut*.

Je dis que voilà des messieurs qui veulent parler à
vous.

ARGAN.

Qu'ils viennent.

ANTOINE.

Ma foi, monsieur, je suis pour vous maintenant ; et
je me dédis de tout ce que je disais hier. Voici monsieur
Diafoirus le père et monsieur Diafoirus le fils qui viennent vous rendre visite. Vous allez voir le garçon le
mieux fait du monde, et le plus spirituel. Il n'a dit que
deux mots qui m'ont ravi, et votre nièce va être charmée de lui.

SCÈNE II.

M. DIAFOIRUS, THOMAS DIAFOIRUS, ARGAN, ANTOINE, LAQUAIS.

ARGAN, *mettant la main à son bonnet sans l'ôter.*

Monsieur Purgon, monsieur, m'a défendu de découvrir ma tête. Vous êtes du métier, vous savez les conséquences.

M. DIAFOIRUS.

Nous sommes dans toutes nos visites pour porter secours aux malades, et non pour leur porter de l'incommodité.

(*Argan et M. Diafoirus parlent en même temps.*)

ARGAN.

Je reçois, monsieur,

M. DIAFOIRUS.

Nous venons ici, monsieur,

ARGAN.

Avec beaucoup de joie...

M. DIAFOIRUS.

Mon fils Thomas et moi,

ARGAN.

L'honneur que vous me faites.

M. DIAFOIRUS.

Vous témoigner, monsieur,

ARGAN.

Et j'aurais souhaité...

M. DIAFOIRUS.

Le ravissement où nous sommes...

ARGAN.
De pouvoir aller chez vous...
M. DIAFOIRUS.
De la grâce que vous nous faites...
ARGAN.
Pour vous en assurer.
M. DIAFOIRUS.
De vouloir bien nous recevoir...
ARGAN.
Mais vous savez, monsieur,
M. DIAFOIRUS.
Dans l'honneur, monsieur,
ARGAN.
Ce que c'est qu'un pauvre malade,
M. DIAFOIRUS.
De votre alliance,
ARGAN.
Qui ne peut faire autre chose...
M. DIAFOIRUS.
Et vous assurer...
ARGAN.
Que de vous dire ici...
M. DIAFOIRUS.
Que dans les choses qui dépendront de notre métier,
ARGAN.
Qu'il cherchera toutes les occasions...
M. DIAFORUS.
De même qu'en toute autre,
ARGAN.
De vous faire connaître, monsieur,

M. DIAFOIRUS.

Nous serons toujours prêts, monsieur,

ARGAN.

Qu'il est tout à votre service.

M. DIAFOIRUS.

A vous témoigner notre zèle. *(à son fils.)* Allons, Thomas, avancez ; faites vos compliments.

THOMAS DIAFOIRUS, *à M. Diafoirus.*

N'est-ce pas par l'oncle qu'il convient de commencer ?

M. DIAFOIRUS.

Oui.

THOMAS DIAFOIRUS, *à Argan.*

Monsieur, je viens saluer, reconnaître, chérir, et révérer en vous un second père, mais un second père auquel j'ose dire que je me trouve plus redevable qu'au premier. Le premier m'a engendré ; mais vous m'avez accepté par grâce. D'autant plus je vous dois, et d'autant plus je tiens précieuse cette future filiation dont je viens aujourd'hui vous rendre par avance les très humbles et très respectueux hommages.

ANTOINE.

Vivent les colléges d'où l'on sort si habile homme !

THOMAS DIAFOIRUS, *à M. Diafoirus.*

Cela a-t-il bien été, mon père ?

M. DIAFOIRUS.

Optime.

THOMAS DIAFOIRUS.

Mademoiselle... Où donc est-elle ?

ARGAN.

Elle va venir.

THOMAS DIAFOIRUS.

Attendrai-je, mon père, qu'elle soit venue?

M. DIAFOIRUS.

Dites à l'oncle, par avance, le compliment pour mademoiselle.

THOMAS DIAFOIRUS.

Mademoiselle, ne plus ne moins que la statue de Memnon rendait un son harmonieux lorsqu'elle venait à être éclairée des rayons du soleil, tout de même me sens-je animé d'un doux transport à l'apparition du soleil de vos beautés ; et comme les naturalistes remarquent que la fleur nommée héliotrope tourne sans cesse vers cet astre du jour, aussi mon cœur d'ores-en-avant tournera-t-il toujours vers les astres resplendissants de vos yeux adorables, ainsi que vers son pôle unique. Souffrez donc, mademoiselle, que j'appende aujourd'hui à l'autel de vos charmes l'offrande de ce cœur, qui ne respire et n'ambitionne autre gloire que d'être toute sa vie, mademoiselle, votre très humble, très obéissant et très fidèle serviteur et mari.

ANTOINE.

Voilà ce que c'est que d'étudier, on apprend à dire de belles choses. Si monsieur est aussi bon médecin qu'il est bon orateur, il y aura plaisir à être de ses malades.

ARGAN.

Vous voyez, monsieur, que tout le monde admire monsieur votre fils, et je vous trouve bien heureux de vous voir un garçon comme cela.

M. DIAFOIRUS.

Monsieur, ce n'est pas parce que je suis son père: mais je puis dire que j'ai sujet d'être content de lui, et que tous ceux qui le voient en parlent comme d'un garçon qui n'a point de méchanceté. Il n'a jamais eu l'imagination bien vive, ni ce feu d'esprit qu'on remarque dans quelques-uns; mais c'est par là que j'ai toujours bien auguré de sa judiciaire, qualité requise pour l'exercice de notre art. Lorsqu'il était petit, il n'a jamais été ce qu'on appelle mièvre et éveillé : on le voyait toujours doux, paisible et taciturne, ne disant jamais mot, et ne jouant jamais à tous ces jeux que l'on nomme enfantins. On eut toutes les peines du monde à lui apprendre à lire, et il avait neuf ans qu'il ne connaissait pas encore ses lettres. Bon ! disais-je en moi-même, les arbres tardifs sont ceux qui portent les meilleurs fruits. On grave sur le marbre bien plus malaisément que sur le sable, mais les choses y sont conservées bien plus longtemps ; et cette lenteur à comprendre, cette pesanteur d'imagination, est la marque d'un bon jugement à venir. Lorsque je l'envoyai au collége, il trouva de la peine, mais il se raidissait contre les difficultés;

et ses régents se louaient toujours à moi de son assiduité et de son travail. Enfin, à force de battre le fer, il en est venu glorieusement à avoir ses licences ; et je puis dire, sans vanité, que, depuis deux ans qu'il est sur les bancs, il n'y a point de candidat qui ait fait plus de bruit que lui dans toutes les disputes de notre école. Il s'y est rendu redoutable ; et il ne s'y passe point d'acte où il n'aille argumenter à outrance pour la proposition contraire. Il est ferme dans la dispute, fort sur ses principes, ne démord jamais de son opinion, et poursuit un raisonnement jusque dans les derniers recoins de la logique. Mais, sur toute chose, ce qui me plaît en lui, et en quoi il suit mon exemple, c'est qu'il s'attache aveuglément aux opinions de nos anciens, et que jamais il n'a voulu comprendre ni écouter les raisons et les expériences des prétendues découvertes de notre siècle touchant la circulation du sang, et autres opinions de même farine.

ARGAN.

N'est-ce pas votre intention, monsieur, de le pousser à la cour, et d'y ménager pour lui une charge de médecin ?

M. DIAFOIRUS.

A vous en parler franchement, notre métier auprès des grands ne m'a jamais paru agréable, et j'ai toujours trouvé qu'il valait mieux pour nous autres demeurer au public. Le public est commode ; vous n'avez à répondre de vos actions à personne, et pourvu que l'on suive le courant des règles de l'art, on ne se met point en peine de tout ce qui peut arriver. Mais ce qu'il y a de fâcheux auprès des grands, c'est que, quand ils viennent à être malades, ils veulent absolument que leurs médecins les guérissent.

ANTOINE.

Cela est plaisant ! et ils sont bien impertinents de vouloir que vous autres messieurs vous les guérissiez ! Vous n'êtes point auprès d'eux pour cela : vous n'y êtes que pour recevoir vos pensions, et leur ordonner des remèdes ; c'est à eux de guérir s'ils peuvent.

M. DIAFOIRUS.

Cela est vrai. On n'est obligé qu'à traiter les gens dans les formes.

ARGAN.

Ah ! voici mes neveux.

SCÈNE III.

DAMIS, ARISTE, ARGAN, M. DIAFOIRUS, THOMAS DIAFOIRUS, ANTOINE.

ARGAN.

Mes neveux, voilà le fils de monsieur Diafoirus.

THOMAS DIAFOIRUS.

Messieurs, l'on voit sur votre visage...

DAMIS.

Monsieur, je suis ravi d'être venu ici à propos pour avoir l'honneur de vous voir.

THOMAS DIAFOIRUS.

L'on voit sur votre visage... l'on voit sur votre visage... Monsieur, vous m'avez interrompu dans le milieu de ma période, et cela m'a troublé la mémoire.

M. DIAFOIRUS.

Thomas, réservez cela pour une autre fois.

ARGAN.

Je voudrais, Ariste, que vous eussiez été ici tantôt.

ANTOINE.

Ah ! monsieur, vous avez bien perdu de n'avoir point été à la statue de Memnon et à la fleur nommée héliotrope.

ARGAN.

Allons, Ariste, touchez dans la main de monsieur qui va être le mari de votre sœur.

ARISTE.

Mon oncle !

ARGAN.

Hé bien ! mon oncle ! qu'est-ce que cela veut dire ?

ARISTE.

De grâce, ne précipitez pas les choses. Donnez-leur au moins le temps de se connaître.

THOMAS DIAFOIRUS.

Quant à moi, je n'ai pas besoin d'attendre davantage.

ARISTE.

Hé ! mon oncle, donnez du temps à ma sœur. Si

monsieur est honnête homme, il ne doit point accepter une personne qui serait à lui par

THOMAS DIAFOIRUS.

Nego consequentiam; je puis être honnête et vouloir bien accepter votre sœur des mains des oncle et tuteur.

ANTOINE.

Vous avez beau raisonner, M. Ariste ; monsieur est frais émoulu du collége, et il vous donnera toujours votre reste. Pourquoi tant résister, et refuser pour vo[tre] sœur la gloire d'être attachée au corps de la faculté ?

DAMIS.

Elle a peut-être quelque inclination en tête.

ARISTE.

Si elle en avait, elle serait telle que la raison et l'hon[n]êteté pourraient la lui permettre.

ARGAN.

Ouais ! je joue ici un plaisant personnage. (*à Ariste qui sort.*) il y a point ici de milieu. Dis à [ma] sœur qu'elle choisisse d'épouser dans quatre jours, ou monsieur, ou un couvent.

DAMIS.

Je suis fâché de vous quitter, mon cher oncle ; mais j'ai une affaire en ville dont je ne puis me dispenser. Je reviendrai bientôt.

ARGAN.

Allez, mon ami ; et passez chez le notaire afin qu'il expédie ce que vous savez.

DAMIS.

Adieu, mon cher oncle.

ARGAN.

Adieu, mon ami.

SCÈNE IV.

ARGAN, M. DIAFOIRUS, THOMAS DIAFOIRUS, ANTOINE.

ARGAN.

Voilà un neveu qui m'aime... Cela n'est pas croyable.

M. DIAFOIRUS.

Nous allons, monsieur, prendre congé de vous.

ARGAN.

Je vous prie, monsieur, de me dire un peu comment je suis.

M. DIAFOIRUS, *tâtant le pouls d'Argan.*

Allons, Thomas, prenez l'autre bras de monsieur, pour voir si vous saurez porter un bon jugement de son pouls. *Quid dicis ?*

THOMAS DIAFOIRUS.

Dico que le pouls de monsieur est le pouls d'un homme qui ne se porte point bien.

M. DIAFOIRUS.

Bon.

THOMAS DIAFOIRUS.

Qu'il est duriuscule, pour ne pas dire dur.

M. DIAFOIRUS.

Fort bien.

THOMAS DIAFOIRUS.

Repoussant.

M. DIAFOIRUS.

Bene.

THOMAS DIAFOIRUS.

Et même un peu capricant.

M. DIAFOIRUS

Optime.

THOMAS DIAFOIRUS.

Ce qui marque une intempérie dans le *parenchyme splénique,* c'est-à-dire la rate.

M. DIAFOIRUS.

Fort bien.

ARGAN.

Non ; monsieur Purgon dit que c'est mon foie qui est malade.

M. DIAFOIRUS.

Eh ! oui : qui dit *parenchyme* dit l'un et l'autre, à cause de l'étroite sympathie qu'ils ont ensemble par le moyen du *vas breve,* du *pylore* et souvent des *méats cholidoques.* Il vous ordonne, sans doute, de manger force rôti ?

ARGAN.

Non, rien que du bouilli.

M. DIAFOIRUS.

Eh ! oui : rôti, bouilli, même chose. Il vous ordonne fort prudemment, et vous ne pouvez être en de meilleures mains.

ARGAN.

Monsieur, combien est-ce qu'il faut mettre de grains de sel dans un œuf ?

M. DIAFOIRUS.

Six, huit, dix, par les nombres pairs, comme dans les médicaments par les nombres impairs.

ARGAN.

Jusqu'au revoir, monsieur.

SCÈNE V.

BÉRALDE, ARGAN.

BÉRALDE.

Hé bien ! mon frère, qu'est-ce ? Comment vous portez-vous ?

ARGAN.

Ah ! mon frère, fort mal.

BÉRALDE.

Comment fort mal ?

ARGAN.

Oui. Je suis dans une faiblesse si grande, que cela n'est pas croyable.

BÉRALDE.

Voilà qui est fâcheux.

ARGAN.

Je n'ai pas seulement la force de pouvoir parler.

BÉRALDE.

J'étais venu ici, mon frère, vous proposer un parti pour ma nièce Angélique.

ARGAN, *parlant avec emportement, et se levant de sa chaise.*

Mon frère, ne me parlez point de cette coquine-là.

C'est une friponne, une impertinente, une effrontée, que je mettrai dans un couvent avant qu'il soit deux jours.

BÉRALDE.

Ah ! voilà qui est bien ! Je suis bien aise que la force vous revienne un peu, et que ma visite vous fasse du bien. Oh çà ! nous parlerons d'affaires tantôt. Je vous amène ici un divertissement que j'ai rencontré qui dissipera votre chagrin, et vous rendra l'âme mieux disposée aux choses que nous avons à dire.

FIN DU DEUXIÈME ACTE.

ACTE TROISIÈME.

SCÈNE I.
BÉRALDE, ARGAN, ANTOINE.

BÉRALDE.

Hé bien ! mon frère, qu'en dites-vous ? Cela ne vaut-il pas bien une prise de casse ?

ANTOINE.

Hom ! de bonne casse est bonne.

BÉRALDE.

Oh çà ! voulez-vous que nous parlions un peu ensemble ?

ARGAN.

Un peu de patience, mon frère, je vais revenir.

ANTOINE.

Tenez, monsieur, vous ne songez pas que vous ne sauriez marcher sans bâton.

ARGAN.

Tu as raison.

SCÈNE III.

BÉRALDE, ANTOINE.

ANTOINE.

N'abandonnez pas, s'il vous plaît, les intérêts de votre nièce.

BÉRALDE.

J'emploierai toutes choses pour lui obtenir ce qu'elle souhaite.

ANTOINE.

Il faut absolument empêcher ce mariage extravagant qu'il s'est mis dans la fantaisie ; et j'avais songé en moi-même que ç'aurait été une bonne affaire de pouvoir introduire ici un médecin à notre poste, pour le dégoûter de son monsieur Purgon, et lui décrier sa conduite. Mais, comme nous n'avons personne en main pour cela, j'ai résolu de jouer un tour de ma tête.

BÉRALDE

Comment !

ANTOINE.

C'est une imagination burlesque. Cela sera peut-être plus heureux que sage. Laissez-moi faire. Agissez de votre côté. Voici notre homme.

SCÈNE III.

ARGAN, BÉRALDE.

BÉRALDE.

Vous voulez bien, mon frère, que je vous demande, avant toute chose, de ne vous point échauffer l'esprit dans notre conversation...

ARGAN.

Voilà qui est fait.

BÉRALDE.

De répondre sans nulle aigreur aux choses que je pourrai vous dire...

ARGAN.

Oui.

BÉRALDE.

Et de raisonner ensemble sur les affaires dont nous avons à parler, avec un esprit détaché de toute passion.

ARGAN.

Mon dieu ! oui. Voilà bien du préambule.

BÉRALDE.

D'où vient, mon frère, qu'ayant le bien que vous avez, et n'ayant qu'une nièce, vous parlez de la mettre dans un couvent ?

ARGAN.

D'où vient, mon frère ? que je suis maître de faire ce que bon me semble.

BÉRALDE.

Damis ne manque pas de vous conseiller de vous défaire ainsi de votre nièce, et je ne doute point que, par un esprit de charité, il ne fût ravi de la voir bonne religieuse.

ARGAN.

Oh ! ça nous y voici. Voilà d'abord le pauvre Damis, c'est lui qui a fait tout le mal, et tout le monde lui en veut.

BÉRALDE.

Non, mon frère, laissons-le là : c'est un jeune homme qui a les meilleures intentions du monde, et qui est détaché de toute sorte d'intérêt, qui a pour vous une tendresse merveilleuse, cela est certain. N'en parlons point, et revenons à votre nièce. Sur quelle pensée, mon frère, la voulez-vous donner en mariage au fils d'un médecin ?

ARGAN.

Sur la pensée, mon frère, de me donner un neveu tel qu'il me faut.

BÉRALDE.

Ce n'est point là, mon frère, le fait de votre nièce ; et il se présente un parti plus sortable pour elle.

ARGAN.

Oui ; mais celui-ci, mon frère, est plus sortable pour moi.

BÉRALDE.

Mais le mari qu'elle doit prendre doit-il être, mon frère, ou pour elle, ou pour vous ?

ARGAN.

Il doit être, mon frère, et pour elle et pour moi ; je veux mettre dans ma famille les gens dont j'ai besoi[n]

BÉRALDE.

Est-il possible que vous serez toujours embé[gué] de vos apothicaires et de vos médecins, et que vo[us] vouliez être malade en dépit des gens et de la natur[e]

ARGAN.

Comment l'entendez-vous, mon frère ?

BÉRALDE.

J'entends, mon frère, que je ne vois point d'hom[me] qui soit moins malade que vous, et que je ne demanderais point une meilleure constitution que la vôtre. [Une] grande marque que vous vous portez bien, et que v[ous] avez un corps parfaitement bien composé, c'est qu'av[ec] tous les soins que vous avez pris vous n'avez pu parv[e]nir encore à gâter la bonté de votre tempérament, [et] que vous n'êtes point crevé de toutes les médecin[es] qu'on vous a fait prendre.

ARGAN.

Mais savez-vous, mon frère, que c'est cela qui m[e] conserve ; et que monsieur Purgon dit que je succomberais, s'il était seulement trois jours sans prendre soi[n] de moi.

BÉRALDE.

Si vous n'y prenez garde, il prendra tant de soin d[e] vous qu'il vous enverra à l'autre monde.

LE MALADE IMAGINAIRE, 213

ARGAN.

Mais raisonnons un peu, mon frère. Vous ne croyez donc point à la médecine?

BÉRALDE.

Non, mon frère; et je ne vois pas que, pour son salut, il soit nécessaire d'y croire.

ARGAN.

Quoi! vous ne tenez pas véritable une chose établie par tout le monde, et que tous les siècles ont révérée?

BÉRALDE.

Bien loin de la tenir véritable, je la trouve, entre nous, une des plus grandes folies qui soient parmi les hommes; et, à regarder les choses en philosophe, je ne vois point de plus plaisante momerie, je ne vois rien de plus ridicule, qu'un homme qui se veut mêler d'en guérir un autre.

ARGAN.

Pourquoi ne voulez-vous pas, mon frère, qu'un homme en puisse guérir un autre?

BÉRALDE.

Par la raison, mon frère, que les ressorts de notre machine sont des mystères jusqu'ici où les hommes ne voient goutte, et que la nature nous a mis au-devant des yeux des voiles trop épais pour y connaître quelque chose.

ARGAN.

Les médecins ne savent donc rien, à votre compte?

BÉRALDE.

Si fait, mon frère. Ils savent pour la plupart de fort belles humanités, savent parler en beau latin, savent nommer en grec toutes les maladies, les définir et les diviser ; mais pour ce qui est de les guérir, c'est ce qu'ils ne savent point du tout.

ARGAN.

Mais toujours faut-il demeurer d'accord que, sur cette matière, les médecins en savent plus que les autres.

BÉRALDE.

Ils savent, mon frère, ce que je vous ai dit, qui ne guérit pas de grand'chose : et toute l'excellence de leur art consiste en un pompeux galimatias, en un spécieux babil, qui vous donne des mots pour des raisons, et des promesses pour des effets.

ARGAN.

Mais enfin, mon frère, il y a des gens aussi sages et aussi habiles que vous ; et nous voyons que dans la maladie tout le monde a recours aux médecins.

BÉRALDE.

C'est une marque de la faiblesse humaine, et non pas de la vérité de leur art.

ARGAN.

Mais il faut bien que les médecins croient leur art véritable, puisqu'ils s'en servent pour eux-mêmes.

BÉRALDE.

C'est qu'il y en a parmi eux qui sont eux-mêmes

dans l'erreur populaire, dont ils profitent, et d'autres qui en profitent sans y être. Votre monsieur Purgon, par exemple, n'y fait point de finesse, c'est un homme tout médecin depuis la tête jusqu'aux pieds ; un homme qui croit à ses règles plus qu'à toutes les démonstrations des mathématiques, et qui croirait du crime à les vouloir examiner ; qui ne voit rien d'obscur dans la médecine, rien de douteux, rien de difficile ; et qui, avec une impétuosité de prévention, une raideur de confiance, une brutalité de sens commun et de raison, donne au travers des purgations et des saignées, et ne balance aucune chose. Il ne lui faut point vouloir de mal de tout ce qu'il pourra vous faire, c'est de la meilleure foi du monde qu'il vous expédiera ; et il ne fera, en vous tuant, que ce qu'il a fait à sa femme et à ses enfants, et ce qu'au besoin il ferait à lui-même.

ARGAN.

C'est que vous avez, mon frère, une dent de lait contre lui. Mais enfin venons au fait. Que faire donc quand on est malade ?

BÉRALDE.

Rien, mon frère.

ARGAN.

Rien ?

BÉRALDE.

Rien. Il ne faut que demeurer en repos. La nature d'elle-même, quand nous la laissons faire, se tire doucement du désordre où elle est tombée. C'est notre inquiétude, c'est notre impatience qui gâte tout ; et presque tous les hommes meurent de leurs remèdes et non pas de leurs maladies.

ARGAN.

Mais il faut demeurer d'accord, mon frère, qu'on peut aider cette nature par certaines choses.

BÉRALDE.

Mon dieu ! mon frère, ce sont pures idées dont nous aimons à nous repaître ; et de tout temps il s'est glissé parmi les hommes de belles imaginations, que nous venons à croire parce qu'elles nous flattent, et qu'il serait à souhaiter qu'elles fussent véritables. Lorsqu'un médecin vous parle d'aider, de secourir, de soulager la nature, de lui ôter ce qui lui nuit et lui donner ce qui lui manque, de la rétablir et de la remettre dans une pleine facilité de ses fonctions ; lorsqu'il vous parle de rectifier le sang, de tempérer les entrailles et le cerveau, de dégonfler la rate, de raccommoder la poitrine, de réparer le foie, de fortifier le cœur, de rétablir et conserver la chaleur naturelle, et d'avoir des secrets pour étendre la vie à de longues années ; il vous a dit justement le roman de la médecine. Mais quand vous en venez à la vérité et à l'expérience, vous ne trouvez rien de tout cela ; et il en est comme de ces beaux songes qui ne vous laissent au réveil que le déplaisir de les avoir crus.

ARGAN.

C'est-à-dire que toute la science du monde est renfermée dans votre tête, et vous voulez en savoir plus que tous les grands médecins de notre siècle.

BÉRALDE.

Dans les discours et dans les choses, ce sont deux sortes de personnes que vos grands médecins : entendez-les parler : les plus habiles gens du monde ; voyez-les faire : les plus ignorants de tous les hommes.

ARGAN.

Ouais! vous êtes un grand docteur à ce que je vois ; et je voudrais bien qu'il y eût ici quelqu'un de ces messieurs, pour rembarrer vos raisonnements, et rabaisser votre caquet.

BÉRALDE.

Moi, mon frère, je ne prends point à tâche de combattre la médecine ; et chacun, à ses péril et fortune, peut croire tout ce qu'il lui plaît. Ce que j'en dis n'est qu'entre nous ; et j'aurais souhaité de pouvoir un peu vous tirer de l'erreur où vous êtes, et, pour vous divertir, vous mener voir sur ce chapitre quelqu'une des comédies de Molière.

ARGAN.

C'est un bon impertinent que votre Molière, avec ses

comédies; et je le trouve bien plaisant d'aller jouer d'honnêtes gens comme les médecins!

BÉRALDE.

Ce ne sont point les médecins qu'il joue, mais le ridicule de la médecine.

ARGAN.

C'est bien à lui à faire de se mêler de contrôler la médecine! Voilà un bon nigaud, un bon impertinent, de se moquer des consultations et des ordonnances, de s'attaquer au corps des médecins, et d'aller mettre sur son théâtre des personnes vénérables comme ces messieurs-là !

BÉRALDE.

Que voulez-vous qu'il y mette que les diverses professions des hommes ? On y met bien tous les jours les princes et les rois, qui sont d'aussi bonne maison que les médecins.

ARGAN.

Par la mort non de diable ! si j'étais que des médecins, je me vengerais de son impertinence ; et quand il sera malade, je le laisserais mourir sans secours. Il aurait beau faire et beau dire, je ne lui ordonnerais pas la moindre petite saignée, le moindre petit lavement; et je lui dirais, Crève, crève, cela t'apprendra une autre fois à te jouer de la faculté.

BÉRALDE.

Vous voilà bien en colère contre lui.

ARGAN.

Oui, c'est un malavisé ; si les médecins sont sages, ils feront ce que je dis.

BÉRALDE.

Il sera encore plus sage que vos médecins, car il ne leur demandera point de secours.

ARGAN.

Tant pis pour lui, s'il n'a pas recours aux remèdes.

BÉRALDE.

Il a ses raisons paur n'en point vouloir, et il soutient que cela n'est permis qu'aux gens vigoureux et robustes, et qui ont des forces de reste pour porter les remèdes avec la maladie ; mais que, pour lui, il n'a justement de la force que pour porter son mal.

ARGAN.

Les sottes raisons que voilà ! Tenez, mon frère, ne parlons point de cet homme-là davantage, car cela m'échauffe la bile, et vous me donneriez mon mal.

BÉRALDE.

Je le veux bien, mon frère : et pour changer de discours, je vous dirai que, sur une petite répugnance que témoigne votre nièce, vous ne devez point prendre les résolutions violentes de la mettre dans un couvent.

SCÈNE IV.

M. FLEURANT, *une seringue à la main ;* ARGAN, BÉRALDE.

ARGAN.

Ah ! mon frère, avec votre permission.

BÉRALDE.

Comment ! que voulez-vous faire ?

ARGAN.

Prendre ce petit lavement-là, ce sera bientôt fait.

BÉRALDE.

Vous vous moquez : est-ce que vous ne sauriez être un moment sans lavement ou sans médecine ? Remettez cela à une autre fois, et demeurez en repos.

ARGAN.

Monsieur Fleurant, à ce soir ou à demain au matin.

M. FLEURANT, *à Béralde.*

De quoi vous mêlez-vous de vous opposer aux ordonnances de la médecine, et d'empêcher monsieur de prendre mon clystère ? Vous êtes bien plaisant d'avoir cette hardiesse-là !

BÉRALDE.

Allez, monsieur, on voit bien que vous n'avez pas accoutumé de parler à des visages.

M. FLEURANT.

On ne doit point ainsi se jouer des remèdes, et me faire perdre mon temps. Je ne suis venu ici que sur une bonne ordonnance; et je vais dire à monsieur Purgon comme on m'a empêché d'exécuter ses ordres, et de faire ma fonction. Vous verrez, vous verrez.

SCÈNE V.
ARGAN, BÉRALDE.

ARGAN.

Mon frère, vous serez cause ici de quelque malheur.

BÉRALDE.

Le grand malheur de ne pas prendre un lavement que monsieur Purgon a ordonné! Encore un coup, mon frère, est-il possible qu'il n'y ait pas moyen de vous guérir de la maladie des médecins, et que vous vouliez être toute votre vie enseveli dans leurs remèdes!

ARGAN.

Mon dieu! mon frère, vous en parlez comme un homme qui se porte bien, mais si vous étiez à ma place, vous changeriez bien de langage. Il est aisé de parler contre la médecine quand on est en pleine santé.

BÉRALDE.

Mais quel mal avez-vous?

ARGAN.

Vous me feriez enrager! Je voudrais que vous l'eussiez, mon mal, pour voir si vous jaseriez tant. Ah! voici monsieur Purgon.

SCÈNE VI.
M. PURGON, ARGAN, BÉRALDE, ANTOINE.

M. PURGON.

Je viens d'apprendre là-bas à la porte de jolies nouvelles ; qu'on se moque ici de mes ordonnances, et qu'on a fait refus de prendre le remède que j'avais prescrit.

ARGAN.

Monsieur, ce n'est pas...

M. PURGON.

Voilà une hardiesse bien grande, une étrange rébellion d'un malade contre son médecin !

ANTOINE.

Cela est épouvantable.

M. PURGON.

Un clystère que j'avais pris plaisir à composer moi-même.

ARGAN.

Ce n'est pas moi...

M. PURGON.

Inventé et formé dans toutes les règles de l'art.

ANTOINE.

Il a tort.

M. PURGON.

Et qui devait faire dans les entrailles un effet merveilleux.

ARGAN.

Mon frère...

M PURGON.

Le renvoyer avec mépris.

ARGAN, *montrant Béralde.*

C'est lui...

M. PURGON.

C'est une action exorbitante.

ANTOINE.

Cela est vrai.

M. PURGON.

Un attentat énorme contre la médecine.

ARGAN, *montrant Béralde.*

Il est cause...

M. PURGON.

Un crime de lèse-faculté, qni ne se peut assez punir.

ANTOINE.

Vous avez raison.

M. PURGON.

Je vous déclare que je romps commerce avec vous ;

ARGAN.

C'est mon frère...

M. PURGON.

Que je ne veux plus d'alliance avec vous ;

ANTOINE.

Vous ferez bien.

M. PURGON.

Et que, pour finir toute liaison avec vous, voilà la donation que je faisais à mon neveu en faveur du mariage.

ARGAN.

C'est mon frère qui a fait tout le mal.

M. PURGON.

Mépriser mon clystère !

ARGAN.

Faites-le venir, je m'en vais le prendre.

M. PURGON.

Je vous aurais tiré d'affaire avant qu'il fût peu.

ANTOINE.

Il ne le mérite pas.

M. PURGON.

J'allais nettoyer votre corps et en évacuer entièrement les mauvaises humeurs.

ARGAN.

Ah! mon frère!

M. PURGON.

Et je ne voulais plus qu'une douzaine de médecines pour vider le fond du sac.

ANTOINE.

Il est indigne de vos soins.

M. PURGON.

Mais puisque vous n'avez pas voulu guérir par mes mains.

ARGAN.

Ce n'est pas de ma faute.

M. PURGON.

Puisque vous vous êtes soustrait de l'obéissance que l'on doit à son médecin,

ANTOINE.

Cela crie vengeance.

M. PURGON.

Puisque vous vous êtes déclaré rebelle aux remèdes que je vous ordonnais.

LE MALADE IMAGINAIRE.

ARGAN.

Hé ! point du tout.

M. PURGON.

J'ai à vous dire que je vous abandonne à votre mauvaise constitution, à l'intempérie de vos entrailles, à la corruption de votre sang, à l'âcreté de votre bile, et à la féculence de vos humeurs.

ANTOINE.

C'est fort bien fait.

ARGAN.

Mon dieu !

M. PURGON.

Et je veux qu'avant qu'il soit quatre jours vous deveniez dans un état incurable ;

ARGAN.

Ah ! miséricorde !

M. PURGON.

Que vous tombiez dans la bradypepsie,

ARGAN.

Monsieur Purgon !

M. PURGON.

De la bradypepsie dans la dyspepsie,

ARGAN.

Monsieur Purgon !

M. PURGON.

De la dyspepsie dans l'apepsie,

ARGAN.

Monsieur Purgon !

M. PURGON.

De l'apepsie dans la lienterie,

ARGAN.

Monsieur Purgon !

M. PURGON.

De la lienterie dans la dyssenterie,

ARGAN.

Monsieur Purgon !

M. PURGON.

De la dyssenterie dans l'hydropisie,

ARGAN.

Monsieur Purgon !

M. PURGON.

Et de l'hydropisie dans la privation de la vie, où vous aura conduit votre folie.

SCÈNE VII.

ARGAN, BÉRALDE.

ARGAN.

Ah ! mon dieu ! je suis mort ! Mon frère ! vous m'avez perdu !

BÉRALDE.

Quoi ! qu'y a-t-il ?

ARGAN.

Je n'en puis plus. Je sens que déjà la médecine se venge.

BÉRALDE.

Ma foi, mon frère, vous êtes fou ; et je ne voudrais pas pour beaucoup de chose qu'on vous vît faire ce que vous faites. Tâtez-vous un peu, je vous prie ; revenez à vous-même, et ne donnez point tant à votre imagination.

ARGAN.

Vous voyez, mon frère, les étranges maladies dont il m'a menacé.

BÉRALDE.

Le simple homme que vous êtes !

ARGAN.

Il dit que je deviendrai incurable avant qu'il soit quatre jours.

BÉRALDE.

Et ce qu'il dit, que fait-il à la chose ? Est-ce un oracle qui a parlé ? Il semble, à vous entendre, que monsieur Purgon tienne dans ses mains le fil de vos jours, et que, d'autorité suprême, il vous l'allonge et vous le raccourcisse comme il lui plaît. Songez que les principes de votre vie sont en vous-même, et que le courroux de monsieur Purgon est aussi peu capable de vous faire mourir que ses remèdes de vous faire vivre. Voici une aventure, si vous voulez, à vous défaire des médecins : ou, si vous êtes né à ne pouvoir vous en passer, il est aisé d'en avoir un autre, avec lequel, mon frère, vous puissiez courir un peu moins de risque.

ARGAN.

Ah ! mon frère, il sait tout mon tempérament, et la manière dont il faut le gouverner.

BÉRALDE.

Il faut avouer que vous êtes un homme d'une grande prévention, et que vous voyez les choses avec d'étranges yeux.

SCÈNE VIII.

ARGAN, BÉRALDE, ANTOINE.

ANTOINE, *à Argan.*

Monsieur, voilà un médecin qui demande à vous voir.

ARGAN.

Et quel médecin ?

ANTOINE.

Un médecin de la médecine.

ARGAN

Je te demande qui il est.

ANTOINE.

Je ne le connais pas, mais il me ressemble comme deux gouttes d'eau.

ARGAN.

Fais-le venir.

SCÈNE IX.

ARGAN, BÉRALDE.

BÉRALDE.

Vous êtes servi à souhait ; un médecin vous quitte, un autre se présente.

ARGAN.

J'ai bien peur que vous ne soyez cause de quelque malheur.

BÉRALDE.

Encore! vous en revenez toujours là.

ARGAN.

Voyez-vous ; j'ai sur le cœur toutes ces maladies-là que je ne connais point, ces...

SCÈNE X.
ARGAN, BÉRALDE, ANTOINE, en médecin.

ANTOINE.

Monsieur, agréez que je vienne vous rendre visite, et vous offrir mes petits services pour toutes les saignées et les purgations dont vous aurez besoin.

ARGAN.

Monsieur, je vous suis fort obligé. (*à Béralde.*) Par ma foi, voilà Antoine lui-même.

ANTOINE.

Monsieur, je vous prie de m'excuser, j'ai oublié de donner une commission à mon valet ; je reviens tout à l'heure.

SCÈNE XI.
ARGAN, BÉRALDE.

ARGAN.

Hé ! ne diriez-vous pas que c'est effectivement Antoine ?

BÉRALDE.

Il est vrai que la ressemblance est tout à fait grande. Mais ce n'est pas la première fois qu'on a vu de ces sortes de choses, et les histoires ne sont pleines que de ces jeux de la nature.

ARGAN.
Pour moi, j'en suis surpris, et...

SCÈNE XII.
ARGAN, BÉRALDE, ANTOINE.

ANTOINE.
Que voulez-vous, monsieur?

ARGAN.
Comment?

ANTOINE.
Ne m'avez-vous pas appelé?

ARGAN.
Moi? non.

ANTOINE.
Il faut donc que les oreilles m'aient corné.

ARGAN.
Demeure un peu ici pour voir comme ce médecin te ressemble.

ANTOINE.
Oui, vraiment! j'ai affaire là-bas, et je l'ai assez vu.

SCÈNE XIII.
ARGAN, BÉRALDE.

ARGAN.
Si je ne les voyais tous deux, je croirais que ce n'est qu'un.

BÉRALDE.
J'ai lu des choses surprenantes de ces sortes de res-

semblances; et nous en avons vu, de notre temps, où tout le monde s'est trompé.

ARGAN.

Pour moi, j'aurais été trompé à celle-là; et j'aurai juré que c'est la même personne.

SCÈNE XIV.

ARGAN, BÉRALDE, ANTOINE, *en médecin*.

ANTOINE.

Monsieur, je vous demande pardon de tout mon cœur.

ARGAN, *bas, à Béralde*.

Cela est admirable.

ANTOINE.

Vous ne trouverez pas mauvaise, s'il vous plaît, la curiosité que j'ai eue de voir un illustre malade comme vous êtes; et votre réputation, qui s'étend partout, peut excuser la liberté que j'ai prise.

ARGAN.

Monsieur, je suis votre serviteur.

ANTOINE.

Je vois, monsieur, que vous me regardez fixement. Quel âge croyez-vous bien que j'aie?

ARGAN.

Je crois que tout au plus vous pouvez avoir vingt-six ou vingt-sept ans.

ANTOINE.

Ah! ah! ah! ah! J'en ai quatre-vingt-dix.

ARGAN.

Quatre-vingt-dix !

ANTOINE.

Oui. Vous voyez un effet des secrets de mon art, de me conserver ainsi frais et vigoureux.

ARGAN.

Par ma foi, voilà un beau jeune vieillard pour quatre-vingt-dix ans.

ANTOINE.

Je suis médecin passager qui vais de ville en ville, de province en province, de royaume en royaume, pour chercher d'illustres matières à ma capacité, pour trouver des malades dignes de m'occuper, capables d'exercer les grands et beaux secrets que j'ai trouvés dans la médecine. Je dédaigne de m'amuser à ce menu fatras de maladies ordinaires, à ces bagatelles de rhumatismes et de fluxions, à ces fiévrotes, à ces vapeurs et à ces migraines. Je veux des maladies d'importance, de bonnes fièvres continues avec des transports au cerveau, de bonnes fièvres pourprées, de bonnes pestes, de bonnes hydropisies formées, de bonnes pleurésies avec des inflammations de poitrine ; c'est là que je me plais, c'est là que je triomphe ; et je voudrais, monsieur, que vous eussiez toutes les maladies que je viens de dire, que vous fussiez abandonné de tous les médecins, désespéré, à l'agonie, pour vous montrer l'excellence de mes remèdes, et l'envie que j'aurais de vous rendre service.

ARGAN.

Je vous suis obligé, monsieur, des bontés que vous avez pour moi.

ANTOINE.

Donnez-moi votre pouls. Allons donc, que l'on batte comme il faut. Ah! je vous ferai bien aller comme vous devez. Ouais! ce pouls-là fait l'impertinent. Je vois bien que vous ne me connaissez pas encore. Qui est votre médecin ?

ARGAN.

Monsieur Purgon.

ANTOINE.

Cet homme-là n'est point écrit dans mes tablettes entre les grands médecins. De quoi, dit-il, que vous êtes malade ?

Il dit que c'est du foie, et d'autres disent que c'est de la rate.

ANTOINE.

Ce sont tous des ignorants ; c'est du poumon que vous êtes malade.

ARGAN.

Du poumon ?

ANTOINE.

Oui. Que sentez-vous ?

ARGAN.

Je sens de temps en temps des douleurs de tête.

ANTOINE.

Justement, le poumon.

ARGAN.

Il me semble parfois que j'ai un voile devant les yeux.

ANTOINE.
Le poumon.
ARGAN.
J'ai quelquefois des maux de cœur.
ANTOINE.
Le poumon.
ARGAN.
Je sens parfois des lassitudes par tous les membres.
ANTOINE.
Le poumon.
ARGAN.
Et quelquefois il me prend des douleurs dans le ventre, comme si c'était des coliques.
ANTOINE.
Le poumon. Vous avez appétit à ce que vous mangez?
ARGAN.
Oui, monsieur.
ANTOINE.
Le poumon. Vous aimez à boire un peu de vin?
ARGAN.
Oui, monsieur.
ANTOINE.
Le poumon. Il vous prend un petit sommeil après le repas, et vous êtes bien aise de dormir.
ARGAN.
Oui, monsieur.
ANTOINE.
Le poumon, le poumon, vous dis-je. Que vous ordonne votre médecin pour votre nourriture?
ARGAN.
Il m'ordonne le potage,

ANTOINE.

Ignorant!

ARGAN.

De la volaille,

ANTOINE.

Ignorant!

ARGAN.

Du veau,

ANTOINE.

Ignorant!

ARGAN.

Des bouillons,

ANTOINE.

Ignorant!

ARGAN.

Des œufs frais,

ANTOINE.

Ignorant!

ARGAN.

Et le soir de petits pruneaux pour lâcher le ventre.

ANTOINE.

Ignorant!

ARGAN.

Et surtout de boire mon vin fort trempé.

ANTOINE.

Ignorantus, ignoranta, ignorantum! Il faut boire votre vin pur; et pour épaissir votre sang qui est trop subtil, il faut manger de bon gros bœuf, de bon gros porc, de bon fromage de Hollande, du gruau et du riz, et des marrons et des oublies, pour coller et conglutiner. Votre médecin est une bête. Je veux vous en envoyer un de ma main, et je viendrai vous voir de temps en temps, tandis que je serai en cette ville.

ARGAN.

Vous m'obligerez beaucoup.

ANTOINE.

Que diantre faites-vous de ce bras-là ?

ARGAN.

Comment ?

ANTOINE.

Voilà un bras que je me ferais couper tout à l'heure si j'étais que de vous.

ARGAN.

Et pourquoi ?

ANTOINE.

Ne voyez-vous pas qu'il tire à soi toute la nourriture, et qu'il empêche ce côté-là de profiter ?

ARGAN.

Oui ; mais j'ai besoin de mon bras.

ANTOINE.

Vous avez là aussi un œil droit que je me ferais crever, si j'étais à votre place.

ARGAN.

Crever un œil ?

ANTOINE.

Ne voyez-vous pas qu'il incommode l'autre et lui dérobe sa nourriture ? Croyez-moi, faites-vous-le crever au plus tôt, vous en verrez plus clair de l'œil gauche.

ARGAN.

Cela n'est pas pressé.

ANTOINE.

Adieu. Je suis fâché de vous quitter si tôt, mais il

LE MALADE IMAGINAIRE. 237

faut que je me trouve à une grande consultation qui se doit faire pour un homme qui mourut hier.

ARGAN.

Pour un homme qui mourut hier ?

ANTOINE.

Oui, pour aviser et voir ce qu'il aurait fallu faire pour le guérir. Jusqu'au revoir.

ARGAN.

Vous savez que les malades ne reconduisent point.

SCÈNE XV.

ARGAN, BÉRALDE.

BÉRALDE.

Voilà un médecin, vraiment, qui paraît fort habile

ARGAN.

Oui ; mais il y va un peu bien vite.

BÉRALDE.

Tous les grands médecins sont comme cela.

ARGAN.

Me couper un bras et me crever un œil, afin que l'autre se porte mieux ! J'aime bien mieux qu'il ne se porte pas si bien. La belle opération de me rendre borgne et manchot !

SCÈNE XVI.

ARGAN, BÉRALDE, ANTOINE.

BÉRALDE.

Oh çà, mon frère, puisque voilà votre monsieur

Purgon brouillé avec vous, ne voulez-vous pas bien que je vous parle du parti qui s'offre pour votre nièce ?

ARGAN.

Non, mon frère, je veux la mettre dans un couvent, puisqu'elle s'est opposée à mes volontés. Elle sera religieuse, c'est une chose résolue.

BÉRALDE.

Vous voulez faire plaisir à quelqu'un.

ARGAN.

Je vous entends. Vous en revenez toujours là et Damis vous tient au cœur.

BÉRALDE.

Hé bien ! oui, mon frère, puisqu'il faut parler à cœur ouvert, c'est Damis que je veux dire ; et, non plus que l'entêtement de la médecine, je ne puis vous souffrir l'entêtement où vous êtes pour lui, et voir que vous donniez tête baissée dans tous les piéges qu'il vous tend.

ANTOINE.

Ah ! monsieur, ne parlez point ainsi ; c'est un jeune homme qui aime monsieur, qui l'aime... On ne peut pas dire cela.

ARGAN.

Demandez-lui un peu les caresses qu'il me fait,

ANTOINE.

Cela est vrai.

ARGAN.

L'inquiétude que lui donne ma maladie,

ANTOINE.

Assurément.

ARGAN.
Et les soins et les peines qu'il prend autour de moi,
ANTOINE.
Il est certain. (*à Béralde.*) Voulez-vous que je vous convainque, et vous fasse voir tout à l'heure comme monsieur Damis aime monsieur ? (*à Argan.*) Monsieur, souffrez que je lui montre son béjaune et le tire d'erreur.
ARGAN.
Comment ?
ANTOINE.
Monsieur Damis s'en va revenir : mettez-vous étendu sur cette chaise, et contrefaites le mort ; vous verrez la douleur où il sera quand je lui dirai la nouvelle.
ARGAN.
Je le veux bien.
ANTOINE.
Oui ; mais ne le laissez pas longtemps dans le désespoir, car il pourrait bien en mourir.
ARGAN.
Laissez-moi faire.
ANTOINE, *à Béralde.*
Cachez-vous, vous, dans ce coin-là.

SCÈNE XVII.
ARGAN, ANTOINE.

ARGAN.
N'y a-t-il point quelque danger à contrefaire le mort ?
ANTOINE.
Non, non. Quel danger y aurait-il ? Etendez-vous là

seulement. Il y aura plaisir à confondre votre frère. Voici monsieur Damis. Tenez-vous bien.

SCÈNE XVIII.

DAMIS, ARGAN, *étendu dans sa chaise*, ANTOINE

ANTOINE, *feignant de ne pas voir Damis.*
Ah! mon dieu! Ah! malheur! Quel étrange accident!

DAMIS.
Qu'est-ce, Antoine?

ANTOINE.
Ah! monsieur!

DAMIS
Qu'y a-t-il?

ANTOINE.
Votre oncle est mort.

DAMIS.
Mon oncle est mort?

ANTOINE.
Hélas! oui, le pauvre défunt est trépassé.

DAMIS.
Assurément?

ANTOINE.
Assurément. Personne ne sait encore cet accident-là et je me suis trouvé ici tout seul. Il vient de passer entre mes bras. Tenez, le voilà tout de son long dans cette chaise.

DAMIS.
Le ciel en soit loué! Me voilà délivré d'un grand fardeau. Que tu es sot, Antoine, de t'affliger de cette mort!

ANTOINE.

Je pensais, monsieur, qu'il fallût pleurer.

DAMIS.

Va, va, cela n'en vaut pas la peine. Quelle perte est-ce que la sienne ? et de quoi servait-il sur la terre?

Un homme incommode à tout le monde, malpropre, dégoûtant, sans cesse un lavement ou une médecine dans le ventre; mouchant, toussant, crachant toujours : sans esprit, ennuyeux, de mauvaise humeur, fatiguant sans cesse les gens, et grondant nuit et jour servantes et valets.

ANTOINE.

Voilà une belle oraison funèbre !

DAMIS.

Il faut, Antoine, que tu m'aides à exécuter mon dessein ; et tu peux croire qu'en me servant ta récompense est sûre. Puisque, par un bonheur, personne n'est encore averti de la chose, portons-le dans son lit, et tenons cette mort cachée jusqu'à ce que j'aie fait mon affaire. Il y a des papiers, il y a de l'argent, dont je me veux saisir ; et il n'est pas juste que j'aie passé sans fruit auprès de lui mes plus belles années. Viens, Antoine, prenons auparavant toutes ses clefs.

ARGAN, *se levant brusquement.*

Doucement !

DAMIS.

Ahi !

####### ARGAN.

Oui, monsieur mon neveu, c'est ainsi que vous m'aimez !

####### ANTOINE.

Ah ! ah ! le défunt n'est pas mort !

####### ARGAN, *à Damis qui sort.*

Je suis bien aise de voir votre amitié, et d'avoir entendu le beau panégyrique que vous avez fait de moi. Voilà un avis au lecteur qui me rendra sage à l'avenir et qui m'empêchera de faire bien des choses.

SCÈNE XIX.

BÉRALDE, *sortant de l'endroit où il s'était caché*; ARGAN, ANTOINE.

####### BÉRALDE.

Hé bien ! mon frère, vous le voyez.

####### ANTOINE.

Par ma foi, je n'aurais jamais cru cela. Mais j'entends monsieur Ariste : remettez-vous comme vous étiez, et voyons de quelle manière il recevra votre mort. C'est une chose qu'il n'est pas mauvais d'éprouver ; et puisque vous êtes en train, vous connaîtrez par là les sentiments que votre famille a pour vous.

(*Béralde va encore se cacher.*)

SCÈNE XX.

ARGAN, ARISTE, ANTOINE.

ANTOINE, *feignant de ne pas voir Ariste.*

O ciel! ah! fâcheuse aventure! malheureuse journée!

ARISTE.

Qu'as-tu, Antoine? et de quoi pleures-tu?

ANTOINE.

Hélas! j'ai de tristes nouvelles à vous donner.

ARISTE.

Hé! qnoi?

ANTOINE.

Votre oncle est mort.

ARISTE.

Mon oncle est mort, Antoine?

ANTOINE.

Oui. Vous le voyez là; il vient de mourir tout à l'heure d'une faiblesse qui lui a pris.

ARISTE.

O ciel! quelle infortune! quelle atteinte cruelle! Hélas! faut-il que je perde mon oncle, la seule chose qui me restait au monde, et qu'encore, par un surcroît de désespoir, je le perde dans un moment où il était irrité contre moi! Que deviendrai-je, malheureux? et quelle consolation trouver après une si grande perte? Souffrez, mon oncle, que je vous embrasse pour vous témoigner mon ressentiment.

ARGAN, *embrassant Ariste.*

Ah! mon cher Ariste!

ARISTE.

Ahi!

SCÈNE XXI.

ARGAN, BÉRALDE, ARISTE, ANTOINE.

ARISTE

Ah! quelle surprise agréable! Mon oncle, puisque, par un bonheur extrême, le ciel vous redonne à mes vœux, souffrez que je me jette à vos pieds pour vous supplier d'une chose. Si vous refusez d'accepter pour ma sœur, Cléante, l'époux que mon oncle Béralde vous propose, je vous conjure au moins de ne point la forcer à en épouser un autre. C'est toute la grâce que je vous demande.

ARGAN.

Que Cléante se fasse médecin, je consens au mariage.

ARISTE.

S'il ne tient qu'à cela, il se fera médecin, apothicaire même, si vous voulez.

BÉRALDE

Mais mon frère, il me vient une pensée : faites-vous médecin vous-même. La commodité sera encore plus grande d'avoir en vous tout ce qu'il vous faut.

ANTOINE.

Cela est vrai. Voilà le vrai moyen de vous guérir tôt; et il n'y a point de maladie si osée que de se jouer à la personne d'un médecin.

ARGAN.

Je pense, mon frère, que vous vous moquez de moi. Est-ce que je suis en âge d'étudier ?

BÉRALDE.

Bon, étudier ! vous êtes savant ; et il y en a beaucoup parmi eux qui ne sont pas plus habiles que vous.

ARGAN.

Mais il faut savoir bien parler latin, connaître les maladies et les remèdes qu'il y faut faire.

BÉRALDE.

En recevant la robe et le bonnet de médecin, vous apprendrez tout cela ; et vous serez après plus habile que vous ne voudrez.

ARGAN.

Quoi ! l'on sait discourir sur les maladies quand on a cet habit-là ?

BÉRALDE.

Oui. L'on n'a qu'à parler avec une robe et un bonnet, tout galimatias devient savant, et toute sottise devient raison.

ANTOINE.

Tenez, monsieur, quand il n'y aurait que votre barbe, c'est déjà beaucoup : et la barbe fait plus de la moitié d'un médecin.

BÉRALDE.

Voulez-vous que l'affaire se fasse tout à l'heure ?

ARGAN.

Comment ! tout à l'heure ?

BÉRALDE.
Oui, et dans votre maison.
ARGAN.
Dans ma maison ?
BÉRALDE.
Oui, je connais une faculté de nos amies qui viendra tout à l'heure en faire la cérémonie dans votre salle. Cela ne vous coûtera rien.
ARGAN.
Mais moi, que dire ? que répondre ?
BÉRALDE.
On vous instruira en deux mots, et l'on vous donnera par écrit ce que vous devez dire. Allez-vous-en vous mettre en habit décent. Je vais les envoyer quérir.
ARGAN.
Allons, voyons cela.

SCÈNE XXII.
BÉRALDE, ARISTE, ANTOINE.
ARISTE.
Que voulez-vous dire ? et qu'entendez-vous avec cette faculté de vos amies ?
ANTOINE.
Quel est donc votre dessein ?
BÉRALDE.
De nous divertir un peu ce soir. Les comédiens ont fait un petit intermède de la réception d'un médecin, avec des danses et de la musique ; je veux que nous en

prenions ensemble le divertissement, et que mon frère y fasse le premier personnage.

ARISTE.

Mais, mon oncle, il me semble que vous vous jouez un peu beaucoup de votre frère.

BÉRALDE.

Mais, mon neveu, ce n'est pas tant le jouer que s'accommoder à ses fantaisies. Tout ceci n'est qu'entre nous. Nous y pouvons aussi prendre chacun un personnage, et nous donner ainsi la comédie les uns aux autres. Le carnaval autorise cela. Allons vite préparer toutes choses.

FIN DU MALADE IMAGINAIRE.

INTERMÈDE.

PREMIÈRE ENTRÉE DE BALLET.

Des tapissiers viennent, en dansant, préparer la salle et placer les bancs en cadence.

DEUXIÈME ENTRÉE DE BALLET.

Marche de la faculté de médecine au son des instruments.

Les porte-seringues, représentant les massiers, entrent les premiers. Après eux viennent deux à *deux, les apothicaires avec leurs mortiers, les chirurgiens et les docteurs qui vont se placer aux deux côtés du théâtre. Le président monte dans une chaire qui est au milieu ; et Argan qui doit être reçu docteur, se place dans une chaire plus petite, qui est au-devant de celle du président.*

LE PRÉSIDENT.

Savantissimi doctores
Medicinæ professores,
Qui hic assemblati estis,
Et vos altri messiores,
Sentiarum facultatis
Fideles executores,
Chirurgiani et apothicari,
Atque tota compania aussi,
Salus, honor, et argentum,
Atque bonum appetitum.

Non possum, docti confreri,
En moi satis admirari
Qualis bona inventio
Est medici professio,
Quam bella chosa est bene trovata
Medicina illa benedicta,
Quæ, suo nomine solo,
Surprenanti miraculo,
Depuis si longo tempore,

Facit à gogo vivere
Tant de gens omni genere.

Per totam terram videmus
Grandam vogam ubi sumus,
Et quot grandes et petiti
Sunt de nobis infatuti.

Totus mundus, currens ad nostros remedios,
Nos regardat sicut deos,
Et nostris ordonnanciis
Principes et reges soumissos videtis.
Doncque il est nostræ sapientiæ,
Boni sensus atque prudentiæ,
De fortement travaillare
A nos bene conservare
In talo credito, voga et honore,
Et prendere gardam et non recevere
In nostro docto corpore
Quam personnas capabiles,
Et totas dignas remplire
Has plaças honorabiles.

C'est pour cela que nunc convocati estis,
Et credo quod trovabitis
Dignam materiam medici
In savanti homine que voici;
Lequel in choisi omnibus

Dono ad interrogandum,
Et à fond examinandum,
Vestris capacitatibus.

PREMIER DOCTEUR.

Si mihi licentiam dat dominus præses
 Et tanti docti doctores,
 Et assistantes illustres,
 Très savanti bacheliero
 Quem estimo et honoro,
Domandabo causam et rationem quare
 Opium facit dormire.

ARGAN.

Mihi a docto doctore
Domandatur causam et rationem quare
 Opium facit dormire.
 A quoi respondeo,
 Quia est in eo
 Virtus dormitiva,
 Cujus est natura
 Sensus assoupire.

CHŒUR.

Bene, bene, bene, bene respondere !
 Dignus, dignus est intrare
 In nostro docto corpore.
 Bene, bene respondere !

SECOND DOCTEUR.

Cum permissione domini præsidis
Doctissimæ facultatis,
Et totius his nostris actis
Companiæ assistantis,
Domando tibi, docte bacheliere,
Quæ sunt remedia
Quæin maladia
Dite hydropisia
Convenit facere.

ARGAN.

Clysterium donare.
Postea seignare,
Ensuita purgare.

CHŒUR.

Bene, bene, bene, bene respondere! etc.

TROISIÈME DOCTEUR.

Si bonum semblatur domino præsidi,
Doctissimæ facultati,
Et companiæ præsenti,
Domandabo tibi, docte bacheliere,
Quæ remedia eticis,
Pulmonicis atque asthmaticis,
Trovas à propos facere.

ARGAN.

Clysterium donare, etc.

CHŒUR.

Bene, bene, bene, bene respondere ! etc.

QUATRIÈME DOCTEUR.

Super illas maladias
Doctus bachelierus dixit maravillas ;
Mais si non ennuyo dominum præsidem,
  Doctissimam facultatem,
  Et totam honorabilem
  Companiam ecoutatem,
Faciam illi unam quæstionem.
Dès hiero maladus unus
Tombavit in meas manus ;
Habet magnam fievram cum redoublementis,
 Grandam dolorem capitis
 Et grandum malum au côté,
 Cum granda difficultate
 Et pœna à respirare.
  Veillas mihi dire,
  Docte bacheliere
  Quid illi facere ?

ARGAN.

Clysterium donare, etc.

CINQUIÈME DOCTEUR.

Mais si maladia
Opiniatria

Non vult se garire,
Quid illi facere ?

ARGAN.

Clysterium donare,
Postea seignare,
Reseignare, repurgare, et reclysterisare.

CHŒUR.

Bene, bene, bene, bene respondere ! etc.

LE PRÉSIDENT, *à Argan*.

Juras gardare statuta
Per facultatem præscripta
Cum sensu et jugeamento.

ARGAN.

Juro.

LE PRÉSIDENT,

Essere in omnibus
Consultationibus
Ancieni aviso,
Aut bono
Aut mauvaiso ?

ARGAN.

Juro.

LE PRÉSIDENT.

De non jamais te servire
De remediis aucunis,

Quam de ceux seulement doctæ facultatis
   Maladus dût-il crevare
   Et mori de suo malo ?

LE PRÉSIDENT.

Ego, cum isto boneto
Venerabili et docto,
Dono tibi et concedo
Virtutem et puissanciam
   Medicandi,
   Purgandi,
   Seignandi,
   Perçandi,
   Taillandi,
   Coupandi,
   Et occidendi,
Impune per totam terram.

TROISIÈME ENTRÉE DE BALLET.

Les chirurgiens et les apothicaires viennent faire la révérence en cadence à Argan.

ARGAN.

Grandes doctores doctrinæ
De la rhubarbe et du séné,
Ce serait sans doute à moi chosa folla,

Inepta et ridicula,
Si j'allaibam m'engageare
Vobis louangeas donare,
Et entreprenaibam adjoutare
Des lumieras au soleilo,
Et des étoilas au cielo,
Des ondas à l'oceano,
Et des rosas au printano.
Agreate qu'avec uno moto
Pro toto remercimente
Renda graciam corpori tam docto.
Vobis, vobis debeo
Bien plus qu'à naturæ et qu'à patri meo :
Natura et pater meus
Hominem me habent factum ;
Mais vos me, ce qui est bien plus,
Avetis factum medicum :
Honor, favor et gratiam,
Qui in hoc corde que voilà
Imprimunt ressentimenta
Qui durerunt in sæcula.

CHŒUR. Vivat, vivat, vivat, cent fois vivat,
Novus doctor qui tam bene parlat !
Mille, mille annis, et manget, et bibat,
Et seignet, et tuat !

QUATRIÈME ENTRÉE DE BALLET.

Tous les chirurgiens et les apothicaires dansent au son des instruments et des voix, et des battements de mains et des mortiers d'apothicaires.

PREMIER CHIRURGIEN.

Puisse-t-il doctas

Suas ordonnancias

Omnium chirurgorum

Et apothicarum

Remplire boutiquas !

CHŒUR. Vivat, vivat, vivat, cent fois vivat, etc.

SECOND CHIRURGIEN.

Puissent toti anni

Lui essere boni

Et favorabiles,

Et n'habere jamais

Quam pestas, verolas,

Fievras, pleuresias,

Fluxus de sang, et dyssenterias !

CHŒUR.

Vivat, vivat, vivat, vivat, cent fois vivat, etc.

CINQUIÈME ET DERNIÈRE ENTRÉE DE BALLET.

Pendant que le dernier chœur se chante, les médecins, les chirurgiens, et les apothicaires, sortent tous selon leur rang en cérémonie, comme ils sont entrés.

FIN DU MALADE IMAGINAIRE.

Douai (Nord.)— L. Dechristé, impr., r. Jean-de-Bologne

www.ingramcontent.com/pod-product-compliance
Lightning Source LLC
Chambersburg PA
CBHW070633170426
43200CB00010B/1998